Coleção mentalidade de sucesso

A porta secreta para o sucesso

A chave oculta para o crescimento financeiro e profissional

Coleção mentalidade de sucesso

Florence Scovel Shinn

A porta secreta para o sucesso

A chave oculta para o crescimento financeiro e profissional

Tradução
Patricia Benvenuti

Principis

Esta é uma publicação Principis, selo exclusivo da Ciranda Cultural
© 2025 Ciranda Cultural Editora e Distribuidora Ltda.

Traduzido do original em inglês
*The Writings of Florence Scovel Shinn
– The secret door to success*

Texto
Florence Scovel Shinn

Editora
Michele de Souza Barbosa

Tradução
Patricia Benvenuti

Preparação
Walter Sagardoy

Produção editorial
Ciranda Cultural

Diagramação
Linea Editora

Revisão
Mônica Glasser

Design de capa
Ana Dobón

Ilustração
Mark Rademaker/Shutterstock.com

Dados Internacionais de Catalogação na Publicação (CIP) de acordo com ISBD

S555p	Shinn, Florence Scovel
	A porta secreta para o sucesso / Florence Scovel Shinn ; traduzido por Patrícia Benvenuti. - Jandira, SP : Principis, 2025.
	96 p. : il. ; 15,5cm x 22,6cm.
	ISBN: 978-65-5097-252-3
	1. Psicologia. 2. Desenvolvimento pessoal. 3. Inspiração. 4. Filosofia. I. Benvenuti, Patrícia. II. Título.
2025-1444	CDD 150
	CDU 159.9

Elaborado por Odilio Hilario Moreira Junior - CRB-8/9949

Índice para catálogo sistemático:
1. Psicologia 150
2. Psicologia 159.9

1ª edição em 2025
www.cirandacultural.com.br
Todos os direitos reservados.
Nenhuma parte desta publicação pode ser reproduzida, arquivada em sistema de busca ou transmitida por qualquer meio, seja ele eletrônico, fotocópia, gravação ou outros, sem prévia autorização do detentor dos direitos, e não pode circular encadernada ou encapada de maneira distinta daquela em que foi publicada, ou sem que as mesmas condições sejam impostas aos compradores subsequentes.

Esta obra reproduz costumes e comportamentos da época em que foi escrita.

Sumário

A porta secreta para o sucesso 7

Tijolo sem palha 13

E cinco eram prudentes 20

O que você espera? 27

O longo braço de Deus 32

A encruzilhada 39

Cruzando o mar Vermelho 45

Sentinelas no portão 51

O caminho da abundância 58

Nada me faltará 64

Olhe com admiração 71

Alcance a sua prosperidade 79

Riachos no ermo 84

O significado intrínseco de *Branca de Neve e os Sete Anões* 89

Sobre a autora 93

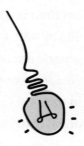

A porta secreta para o sucesso

"Gritou, pois, o povo, e os sacerdotes tocaram as trombetas; ouvindo o povo o sonido da trombeta, deu um grande brado, e o muro caiu rente ao chão, e o povo subiu à cidade, cada qual para o lugar que lhe ficava defronte, e tomaram a cidade."
(Josué 6,20)

Sempre perguntam ao homem bem-sucedido: "Qual o segredo do seu sucesso?". As pessoas nunca perguntam a um homem malsucedido: "Qual o segredo do seu fracasso?". É muito fácil de ver, mas elas não estão interessadas.

Todo mundo quer saber como é possível abrir a porta secreta para o sucesso.

O sucesso existe para todos os homens, mas ele parece estar atrás de uma porta ou parede. Na leitura da *Bíblia*, conhecemos a história maravilhosa da queda das muralhas de Jericó. É claro que todas as histórias bíblicas têm uma interpretação metafísica.

Falaremos agora sobre a sua muralha, aquela que o separa do sucesso. Quase todo mundo construiu sua Jericó particular. A cidade que você não consegue ingressar contém tesouros imensos: o sucesso divinamente planejado para você, os desejos do seu coração!

Que tipo de muralha você construiu ao redor da sua Jericó? Muitas vezes é um muralha de ressentimento; e ressentir-se de alguém ou de uma situação cessa os seus direitos. Se você é um fracassado e se ressente do sucesso de outra pessoa, está afastando o próprio sucesso.

Tenho dado a seguinte afirmação para neutralizar a inveja e o ressentimento: *"O que Deus fez pelos outros, Ele agora faz por mim e muito mais"*.

Uma mulher estava consumida de inveja porque uma amiga havia recebido um presente. Ela fez essa afirmação e ganhou não só uma cópia exata do recebido pela amiga, mas também um presente extra.

Foi quando os filhos de Israel gritaram que as muralhas de Jericó caíram. Quando você faz uma afirmação da Verdade, a sua muralha cai.

Dei a seguinte afirmação para uma mulher: *"Os muros da escassez e do atraso desmoronam agora, e eu entro na Terra Prometida, sob a graça"*. Ela se viu, vividamente, passando por cima de um muro caído, e recebeu a manifestação do seu bem, quase imediatamente.

É a palavra da concretização que modifica as suas circunstâncias, pois palavras e pensamentos são uma forma de radioatividade. Interessar-se pelo seu trabalho, gostar do que está fazendo, abre a porta secreta para o sucesso.

Alguns anos atrás, fui para a Califórnia falar em diferentes centros. Passando pelo canal do Panamá, no barco conheci um

A PORTA SECRETA PARA O SUCESSO

homem chamado Jim Tully, que por anos tinha sido um mendigo e dera a si mesmo o apelido de "o rei dos pedintes". Ele era ambicioso e foi atrás de educação. Tinha uma imaginação brilhante e começou a escrever histórias sobre suas experiências. Dramatizou a vida das pessoas de rua, gostou do que estava fazendo e se tornou um autor de muito sucesso. Lembro-me de um livro chamado *Olhando de fora para dentro*,[1] transformado em filme anos depois.

Agora ele é famoso, próspero, e vive em Hollywood. O que abriu a porta secreta para o sucesso de Jim Tully? Ao dramatizar sua vida, interessou-se pelo que fazia e tirou proveito de ser um mendigo. No barco, todos nos sentamos à mesa do capitão, o que nos deu uma chance para conversar.

A senhora Grace Stone também era uma passageira no barco; ela havia escrito *O Último Chá do General Yen* e estava indo para Hollywood transformá-lo em filme. A inspiração para escrever o livro veio após ela morar na China.

Este é o segredo do sucesso: transformar o que se faz em algo atrativo para as outras pessoas. Esteja interessado no que faz e os outros acharão você interessante.

Uma boa disposição ou um sorriso cativante abre a porta secreta; os chineses dizem: "O homem que não sabe sorrir, não deve abrir um comércio". O sucesso do sorriso veio à tona em um filme francês onde Maurice Chevalier interpreta o papel principal. O filme chama-se *Com um sorriso*. Um dos personagens havia se tornado pobre, triste e quase um morador de rua; na história ele diz a Chevalier: "Qual foi a vantagem de ser honesto?". Chevalier

---

[1] Tradução literal do original *Outside Looking In* (também conhecido como *Beggars of Life*), publicado em 1924. Sem publicação brasileira. (N.T.)

responde: "Nem mesmo a honestidade pode ajudá-lo sem um sorriso". Então, o homem muda de atitude, alegra-se e torna-se muito bem-sucedido.

Viver no passado e reclamar de adversidades constrói um muro espesso ao redor de sua Jericó. Falar muito de assuntos particulares dispersa suas forças e o coloca contra um muro alto. Conheci um homem com inteligência e habilidades que era um completo fracasso. Ele vivia com a mãe e a tia, e descobri que todas as noites, quando ia jantar em casa, contava a elas tudo o que havia acontecido durante o dia no escritório; expunha suas expectativas, medos e fracassos.

Eu disse a ele: "Você dispersa suas forças ao falar sobre assuntos privados. Não converse sobre isso com sua família. O silêncio vale ouro!".

O rapaz seguiu minha orientação e, durante o jantar seguinte, se recusou a falar sobre seus assuntos. A mãe e a tia ficaram desesperadas, pois adoravam ouvir tudo o que acontecia no escritório dele, mas o silêncio se provou valioso! Pouco tempo depois ele recebeu um cargo com pagamento de cem dólares por semana e, em alguns anos, adquiriu um salário de trezentos dólares semanais.

O sucesso não é um segredo, é um sistema.

Muitas pessoas estão diante de uma parede de desânimo. Coragem e perseverança são partes do sistema. Vemos isso na vida de todos os homens e mulheres bem-sucedidos.

Tive uma experiência divertida que me chamou atenção. Fui ao cinema encontrar uma amiga. Enquanto esperava, parei ao lado de um garoto jovem, que vendia panfletos sobre o filme. Ele dizia para os passantes: "Compre um programa completo do filme, com fotos dos atores e um resumo de suas vidas".

A maioria das pessoas passava sem comprar nada. De repente, para minha surpresa, ele se virou para mim e disse:

– Isso não é trabalho para um cara com ambição, não é?

Em seguida, ele discursou sobre o sucesso.

– A maioria das pessoas desiste logo antes de algo grande acontecer. Um homem de sucesso não desiste jamais.

É claro que fiquei interessada e falei:

– Trarei um livro para você da próxima vez que eu vier. Chama-se *O jogo da vida (e como jogá-lo)*. Você vai concordar com várias ideias.

Uma ou duas semanas depois, voltei com o livro. A moça da bilheteria disse a ele:

– Eddie, posso dar uma olhada no livro, enquanto você está vendendo os programas?

O homem que recebia os ingressos se inclinou para ver do que se tratava o livro. *O jogo da vida (e como jogá-lo)* sempre desperta a curiosidade das pessoas.

Voltei ao cinema três semanas depois, e Eddie não estava mais lá. Tinha aceitado um emprego novo que gostava. Sua muralha de Jericó havia desmoronado; ele determinou-se a não ficar mais desanimado.

A palavra sucesso é mencionada na *Bíblia* apenas duas vezes: ambas no livro de Josué.

"Somente sê forte e muito corajoso! Tem o cuidado de obedecer a toda a lei que o meu servo Moisés ordenou a ti; não se desvies dela, nem para a direita nem para a esquerda, para que sejas bem-sucedido por onde quer que andes. Não deixes de falar as palavras deste Livro da lei e de meditar nelas de dia e de noite, para que cumpras fielmente tudo o que nele está escrito. Só então os teus caminhos prosperarão e serás bem-sucedido."

O caminho para o sucesso é um percurso reto e estreito; é o caminho da dedicação amorosa, da atenção integral.

"Você atrai as coisas nas quais pensa muito."

Portanto, se pensar muito na escassez, atrairá escassez. Se pensar muito na injustiça, atrairá mais injustiça.

Josué disse: "Quando as trombetas soarem um longo toque, todo o povo dará um forte grito; o muro da cidade cairá e o povo atacará, cada um do lugar onde estiver".

O significado intrínseco dessa história é o poder da palavra; a sua palavra, que dissolve obstáculos e remove barreiras. Quando as pessoas gritaram, a muralha caiu.

No folclore e nos contos de fadas, que vêm das lendas baseadas na Verdade, encontramos a mesma ideia: uma palavra abre uma porta ou rompe uma rocha. Vemos isso em um conto de *As Mil e Uma Noites: Ali Babá e os Quarenta Ladrões*. Vi que ele foi transformado em filme.

Ali Babá descobre um esconderijo, oculto em algum lugar atrás de pedras e montanhas. A entrada só pode ser liberada ao proferir a palavra mágica: "Abre-te, Sésamo!". Ele encara a montanha e grita: "Abre-te, Sésamo", e uma fenda se abre nas rochas.

É bastante inspirador, pois faz você perceber o quanto *suas próprias rochas e barreiras se abrirão com a palavra certa*. Então façamos a afirmação: "*Os muros da escassez e do atraso desmoronam agora, e eu entro na Terra Prometida, sob a graça*".

Tijolo sem palha

"Agora, voltai ao trabalho. Vós não recebereis palha alguma! Continuai a produzir a cota integral de tijolos!"
(Êxodo 5,18)

No quinto capítulo de Êxodo temos uma visão da vida cotidiana, quando utilizamos uma interpretação metafísica. Os filhos de Israel serviam ao faraó, o feitor cruel que comandava o Egito. Eles eram mantidos escravos, fazendo tijolos, e eram odiados e desprezados.

Moisés recebeu ordens do Senhor para libertar o povo da escravidão. Depois disso, Moisés e Arão foram falar com o faraó e disseram: "Assim diz o Senhor, o Deus de Israel: 'Deixa o meu povo ir para celebrar-me uma festa no deserto'".

Ele não apenas se recusou a deixá-los ir como disse que tornaria suas tarefas ainda mais difíceis: eles precisariam fazer tijolos sem receber palha.

Os feitores e os capatazes saíram e falaram ao povo: "Assim diz o faraó: 'Já não vos darei palha. Saí e a recolhei onde puderdes achá-la, pois o vosso trabalho em nada será reduzido'".

Era impossível fabricar tijolos sem palha. Os filhos de Israel foram completamente reprimidos pelo faraó e espancados por não produzirem os tijolos. Então, veio a mensagem de Jeová.

"Agora, voltai ao trabalho. Vós não recebereis palha alguma! Continuai a produzir a cota integral de tijolos!"

Trabalhando com a lei espiritual, eles podiam fabricar tijolos sem palha, ou seja, realizar algo supostamente impossível.

Durante a vida, frequentemente as pessoas são confrontadas com essa situação. Agnes M. Lawson, em seu livro *Dicas para o estudo da Bíblia*,[2] diz: "A vida no Egito sob opressão estrangeira é o símbolo do homem sob os rígidos capatazes do pensamento destrutivo, orgulho, medo, ressentimento, hostilidade etc. A libertação sob o comando de Moisés é a liberdade que o homem ganha dos feitores à medida que aprende a lei da vida, pois nunca poderemos estar sob a graça a não ser que primeiro conheçamos a lei. A lei deve ser difundida para que se cumpra".

No Salmo 111, lemos no verso final: "O temor do Senhor é o princípio da sabedoria; todos os que cumprem os seus preceitos revelam bom senso. Ele será louvado para sempre!".

Agora, se lermos a palavra Senhor como "lei", teremos a chave para essa afirmação. O temor da lei (cármica) é o princípio da sabedoria (não o temor do Senhor). Quando sabemos que tudo aquilo que emitimos retorna, começamos a ter receio de nossos próprios bumerangues.

---

[2] Tradução literal do original *Hints to Bible Study*, publicado em 1920. Sem publicação brasileira. (N.T.)

Li em uma revista médica os seguintes fatos, que contavam dos bumerangues que esse grande faraó recebeu.

"Ao que tudo indica, sua carne é, de fato, herdeira de uma longa e milenar linhagem de doenças, pois (como revelado por *sir* Berkeley Monyahan em uma palestra em Leeds) o faraó da opressão sofreu um endurecimento do coração, no sentido literal. Monyahan mostrou algumas fotografias extraordinárias de operações cirúrgicas feitas mil anos antes de Cristo e, entre elas, havia uma imagem dos restos mortais do próprio faraó da opressão. A artéria maior, saída do coração, estava em um estado muito bem preservado, possibilitando que partes dele fossem mostradas recentemente no epidiascópio. Era impossível distinguir entre uma artéria antiga e outra recente. Ambos os corações tinham sofrido ateromatose, uma condição na qual depósitos de sais de cálcio se formam nas paredes da artéria, deixando-a rígida e inelástica."

A extensão inadequada para o fluxo de sangue do coração fez com que o vaso cedesse; com essa condição, vieram as mudanças mentais que ocorrem com um sistema arterial rígido: *perspectivas limitadas; restrição e medo de empreender; um endurecimento literal do coração.*

Portanto, o severo coração do faraó endureceu o próprio coração.

Isso é tão verdadeiro hoje como era há vários milhares de anos. Estamos todos saindo da terra do Egito, da casa da servidão.

Suas dúvidas e medos o mantêm na escravidão; se você está diante de uma situação que parece perdida, o que fazer? É o momento de fazer tijolos sem palha.

Mas lembre-se das palavras de Jeová: " Agora, voltai ao trabalho. Vós não recebereis palha alguma! Continuai a produzir a cota integral de tijolos".

Você deve fazer tijolos sem palha. Deus abre caminho onde não há!
Contaram-me a história de uma mulher que precisava de dinheiro para o aluguel. Era necessário pagar toda a quantia de uma só vez, mas ela não sabia como, pois havia esgotado todas as possibilidades. Entretanto, ela era uma estudiosa da Verdade e se manteve fazendo afirmações. O cachorro latiu, querendo sair. Ela então colocou a guia no animal, saiu da casa e caminhou pela rua, na direção costumeira. Porém, o cachorro forçou a guia para o outro sentido. Ela o seguiu e, no meio do quarteirão, do lado oposto a um parque, olhou para baixo e apanhou um maço de notas, com a quantia exata para cobrir o aluguel. Ela procurou por anúncios, mas nunca encontrou o dono daquela quantia. Também não havia casas próximas ao local do dinheiro encontrado.

A mente racional, o intelecto, assume o trono de faraó em sua consciência. Ela repete continuamente: "Isso não pode ser feito. Do que adianta?".

Precisamos afogar essas sugestões sombrias com uma afirmação essencial!

Tome como exemplo esta afirmação: "*O inesperado acontece, minha prosperidade supostamente impossível agora se torna realidade*". Ela detém todos os argumentos dos exércitos estrangeiros (a mente racional).

"O inesperado acontece!" Essa é uma ideia com a qual a mente racional não consegue lidar.

"Os teus mandamentos me tornam mais sábio que os meus inimigos." Seus pensamentos inimigos, suas dúvidas, medos e preocupações!

Pense na alegria de ficar livre para sempre do faraó da opressão. Em ter o conceito de *segurança, saúde, felicidade e abundância estabelecido no subconsciente*. Significaria uma vida livre de toda limitação! Seria o Reino que Jesus Cristo mencionou, onde as coisas nos são acrescentadas automaticamente. Digo "acrescentadas automaticamente" porque a vida é vibração, e, quando vibramos sucesso, felicidade e abundância, as coisas que simbolizam esses estados de consciência se fixam em nós.

Sinta-se rico e bem-sucedido e, de repente, receberá um cheque alto ou um belo presente.

Conto uma história que mostra essa lei em ação. Fui a uma festa onde as pessoas participavam de jogos e o ganhador recebia um presente. O prêmio era um lindo leque. Entre os convidados estava uma mulher muito rica, que tinha tudo. Seu nome era Clara. Os mais pobres e ressentidos se juntaram e cochicharam: "Tomara que ela não ganhe o leque". É claro que a mulher rica ganhou.

Clara era despreocupada e vibrava abundância. *Inveja e ressentimento provocam um curto-circuito na prosperidade* e afastam os bens para longe.

Se você começar a se sentir ressentido e invejoso, faça a afirmação: *"O que Deus fez para os outros, agora faz para mim, e muito mais"*.

Logo, todos os leques e outras coisas irão ao seu encontro.

Ninguém dá a si mesmo, a não ser ele mesmo, e ninguém tira de si mesmo. O "jogo da vida" é um jogo de paciência; à medida que você muda, todas as condições mudarão.

Agora, voltando ao faraó opressor, ninguém ama aquilo que o oprime. Lembro-me de uma amiga que tive há muitos anos. Seu nome era Lettie. O pai dela tinha muito dinheiro e mantinha a esposa e ela com comida e roupas, mas sem luxos.

Frequentamos a Escola de Arte juntas e todos os alunos compravam reproduções da *Vitória de Samotrácia*, da *Mãe de Whistler* ou algo do gênero que levasse um pouco de arte para suas casas. O pai da minha amiga chamava todas essas coisas de "roubo". Ele dizia: "Não traga nenhum roubo para casa".

Assim, ela vivia uma vida sem cor, sem uma *Vitória de Samotrácia* em sua escrivaninha ou uma *Mãe de Whistler* na parede. Frequentemente ele dizia para a minha amiga e à mãe dela: "Quando eu morrer, vocês viverão bem".

Um dia alguém perguntou para Lettie: "Quando você vai para o exterior?" (todos os estudantes de arte viajavam para fora).

Ela respondeu, com alegria: "Só quando o papai morrer".

Portanto, as pessoas sempre almejam estar livres da escassez e da opressão.

Vamos nos libertar agora dos *tiranos do pensamento negativo:* temos sido escravos de dúvidas, medos e apreensões; que sejamos guiados como Moisés guiou os filhos de Israel para fora da terra do Egito, da casa da servidão!

Encontre o pensamento que é seu maior opressor, encontre o *líder.*

Na primavera, nos acampamentos madeireiros, os troncos são enviados rio abaixo em grande quantidade. Às vezes, eles se cruzam e causam um grande congestionamento. Os homens procuram a tora causadora do congestionamento (eles chamam de "líder"), a endireitam e os troncos voltam a flutuar no rio.

Talvez o seu líder seja o ressentimento, pois é ele que atrasa a sua prosperidade. Esse sentimento enraizado em seu cérebro fará com que você seja evitado, perdendo as oportunidades de ouro que o aguardam no dia a dia.

Lembro-me de que, alguns anos atrás, as ruas estavam cheias de homens vendendo maçãs. Eles acordavam cedo para conseguir as melhores esquinas. Passei por um deles algumas vezes na Park Avenue e observei que ele tinha a expressão mais desagradável que já vi. Quando as pessoas passavam pela sua barraca, ele gritava oferecendo as maçãs. Só que ninguém parava para comprá-las.

Decidi comprar uma maçã e resolvi dizer:

– Você nunca vai conseguir vender maçãs se não mudar essa expressão.

Ele respondeu:

– Aquele sujeito ali pegou a minha esquina.

– A esquina não tem importância na hora da venda. Você pode vender maçãs bem aqui, se aparentar simpatia.

Ele disse:

– Certo, senhora.

Fui embora. No dia seguinte, eu o vi no mesmo lugar e sua expressão havia mudado. Estava ocupadíssimo e vendendo muitas maçãs com um largo sorriso.

Portanto, encontre o seu líder (pode ser que exista mais de um) e os troncos de *sucesso, felicidade e abundância avançarão pelo seu rio*.

"Agora, voltai ao trabalho. Vós não recebereis palha alguma. Continuai a produzir a cota integral de tijolos."

E cinco eram prudentes

"Cinco delas eram insensatas, e cinco eram prudentes. As insensatas pegaram suas candeias, mas não levaram óleo."
(Mateus 25,2-3)

Meu tema é a parábola das Dez Virgens. "Cinco delas eram insensatas, e cinco eram prudentes. As insensatas pegaram suas candeias, mas não levaram óleo consigo. As prudentes, porém, levaram óleo em vasilhas, junto com suas candeias." A parábola ensina que a prece verdadeira exige preparação.

Jesus Cristo disse: "E tudo o que pedirdes em oração, se crerdes, recebereis". (Mateus 21,22) "Portanto, eu digo: Tudo o que pedirdes em oração, crede que já o recebestes, e assim sucederá." (Marcos 11,24) Nesta parábola, ele mostra que, apenas aqueles que se prepararam para a prosperidade (mostrando assim uma fé ativa) farão com que isso se concretize.

Podemos parafrasear as Escrituras e dizer: "O que vocês pedirem em oração, creiam que já o receberam". Ao rezar, AJA como se já tivesse recebido.

A fé que você tem quando está sentado, rezando, nunca moverá montanhas. Na poltrona, no silêncio ou na meditação, você é preenchido pelo encanto da Verdade e sente que sua fé nunca vacilará. Você sabe que o Senhor é o seu pastor e que nada lhe faltará. Você sente que o Deus da Abundância vai eliminar todos os fardos de dívidas ou limitações. Então você sai da poltrona e entra na arena da vida. O que conta é apenas o que você faz na arena.

Vou dar um exemplo que mostra como a lei funciona, pois fé sem ação é inoperante.

Um homem, um dos meus alunos, tinha um forte desejo de viajar para o exterior. Ele fez esta afirmação: *"Agradeço pela minha viagem divinamente planejada, divinamente financiada, sob a graça e de maneira perfeita"*. Ele possuía pouquíssimo dinheiro, mas, conhecendo a lei da preparação, comprou um baú. Era um baú muito alegre e divertido, com uma grande faixa vermelha no centro. Sempre que olhava para ele, sentia a concretização da viagem.

Um dia, ele pareceu sentir o quarto se mexer. Sentiu o balanço de um navio. Foi até a janela respirar o ar puro e sentiu o aroma do cais. Com seu ouvido interior, ele ouviu o grasnado de uma gaivota e o rangido da prancha de embarque. O baú havia começado a funcionar, colocando-o na vibração da viagem. Logo depois, uma alta quantia de dinheiro surgiu e ele pôde realizar seu sonho. Mais tarde ele disse que a viagem fora perfeita em cada detalhe.

Na arena da vida, devemos nos manter sintonizados com o espetáculo.

Estamos agindo em razão do medo ou da fé? *Observe os seus motivos com minúcia, pois é neles que estão os problemas da vida.*

Se o seu problema for financeiro (e geralmente é), você precisa descobrir como se recuperar financeiramente, agindo sempre com fé. A atitude material com relação ao dinheiro é confiar no salário, nos ganhos e investimentos, que podem diminuir da noite para o dia.

A atitude espiritual é confiar em Deus como provedor. Para manter suas posses, reconheça sempre que elas são a manifestação de Deus. "O que Deus deu não pode ser diminuído", então, se uma porta se fecha, outra se abre imediatamente.

Nunca vocalize escassez ou limitação, pois "por tuas palavras serás condenado". Você as une com o que observa, e, se estiver sempre observando fracassos e momentos difíceis, é a isso que vai se unir.

É preciso criar o hábito de viver na quarta dimensão: "O Mundo das Maravilhas". É o mundo onde você não julga as aparências.

Você treinou seu olho interior para ver sucesso em vez de fracasso, saúde em vez de doença, abundância em vez de limitação. "Toda a terra que estás vendo, darei a ti."

O homem que alcança o sucesso tem *ideia fixa de sucesso*. Se for edificada em uma rocha de verdade e retidão, se manterá. Caso contrário, se for construída sobre areia, será varrida pelo mar, retornando ao seu nada original.

Apenas ideias divinas podem resistir. O mal se destrói, pois é uma ideia conflituosa contra a ordem universal, e o caminho do transgressor é difícil.

"Cinco delas eram insensatas, e cinco eram prudentes. As insensatas pegaram suas candeias, mas não levaram óleo. As prudentes, porém, levaram óleo em vasilhas, junto com suas candeias."

A candeia significa a consciência do homem. O óleo é o que traz luz ou entendimento.

"O noivo demorou a chegar, e todas ficaram com sono e adormeceram. À meia-noite, ouviu-se um grito: 'O noivo se aproxima! Saí para encontrá-lo!'. Então todas as virgens acordaram e prepararam suas candeias. As insensatas disseram às prudentes: 'Dai-nos um pouco do vosso óleo, pois as nossas candeias estão se apagando'."

As virgens insensatas não tinham sabedoria nem conhecimento (o óleo da consciência) e, quando foram confrontadas com uma situação séria, não sabiam como lidar. E quando disseram às prudentes: "Dai-nos um pouco do vosso óleo", estas responderam, dizendo: "Não, pois pode ser que não haja o suficiente para nós todas. Ide comprar óleo para vós". Isso significa que as virgens insensatas não poderiam *receber mais do que já estava em sua consciência*, ou do que vibravam.

O homem recebeu a viagem porque estava em sua consciência, como uma realidade. Ele acreditava que já havia recebido. Ao se preparar para a viagem, estava levando óleo para as candeias. *Com a realização, vem a manifestação.*

A lei da preparação funciona de ambos os jeitos. Se você se prepara para o que teme ou para o que não quer, começa a atraí-lo. Davi disse: "O que eu temia veio sobre mim". Ouvimos as pessoas dizerem: "Preciso guardar dinheiro para o caso de uma doença". Elas estão se preparando, sem dúvida, para ficar doentes; ou: "Estou economizando para um período de dificuldades". O período, com certeza, virá no momento mais inconveniente.

A Ideia Divina para cada homem é de abundância. Os seus celeiros *devem* estar cheios e os seus barris *devem* transbordar, mas precisamos aprender a pedir corretamente.

Esta afirmação é um exemplo: *"Invoco a lei da acumulação. Minha provisão vem de Deus, e agora se derrama e se acumula, sob a graça"*.

Esta afirmação não causa nenhuma imagem de limitação, economia ou doença. Dá uma sensação quadrimensional de abundância, liberando os canais para a Inteligência Infinita.

Todos os dias é necessário fazer uma escolha: ser prudente ou insensato? Você vai se preparar para a prosperidade? Dará o salto de fé? Ou atenderá às dúvidas e medo, e esquecerá do óleo para as candeias?

"E, saindo elas para comprar o óleo, chegou o noivo. As virgens que estavam preparadas entraram com ele para o banquete nupcial. E a porta foi fechada. Mais tarde vieram também as outras e disseram: 'Senhor! Senhor! Abre a porta para nós!'. Mas ele respondeu: 'A verdade é que não vos conheço!'."

Talvez você ache que as virgens insensatas pagaram um valor muito elevado por não terem trazido óleo para as candeias, mas estamos lidando com a lei do carma (ou a lei do retorno). Isso tem sido chamado de "dia do julgamento", algo que as pessoas costumam associar ao fim do mundo.

Dizem que o seu julgamento vem em sete: sete horas, sete dias, sete semanas, sete meses ou sete anos. Pode até mesmo vir em sete minutos. Então, você paga alguma dívida cármica; o preço por ter violado a lei espiritual. *A sua confiança em Deus falhou, você não levou óleo para as candeias.*

Examine sua consciência todos os dias e veja para o que está se preparando. Você teme a escassez e se agarra a cada centavo, atraindo, portanto, mais escassez. Use o que tem com sabedoria e o caminho se abrirá para que mais coisas boas venham até você.

Em meu livro *A força da palavra criadora*, conto sobre a bolsa mágica. Em *As Mil e Uma Noites* eles contam a história de um homem que tinha uma bolsa mágica. Quando o dinheiro saía, imediatamente voltava a aparecer nela.

Assim, criei esta afirmação: *"Meu suprimento vem de Deus, eu possuo a bolsa mágica do Espírito. Nunca se esgotará. Quando o dinheiro sai, retorna imediatamente. A bolsa está sempre abarrotada, lotada de abundância, sob a graça e de maneira perfeita".*

Isso traz uma imagem vívida à mente: você está recebendo do banco da imaginação.

Uma mulher que não possuía muito dinheiro temia pagar qualquer conta e ver sua conta bancária diminuir. Ela pensou na afirmação com grande convicção: "Eu possuo a bolsa mágica do Espírito. Ela nunca se esgotará. Quando o dinheiro sai, imediatamente retorna". Ela pagou as contas sem medo e recebeu, inesperadamente, inúmeros cheques de valor.

Vigiem e orem para que não caiam na tentação de se preparar para algo destrutivo em vez de algo construtivo.

Conheci uma mulher que me contou que sempre mantinha um véu de crepe preto à mão, para o caso de precisar ir a um funeral. Eu disse a ela: "Você é uma ameaça para os seus familiares, pois está preparada para apressar a morte de todos eles, a fim de poder usar o véu". Ela o destruiu.

Outra mulher, sem dinheiro, decidiu mandar as duas filhas para a universidade. O marido desprezou a ideia e disse:

– Quem vai pagar a mensalidade? Não tenho dinheiro para isso.

Ela respondeu:

– Sei que alguma prosperidade inesperada nos encontrará.

A mulher continuou preparando as filhas para a universidade. O marido riu com sinceridade e contou a todos os amigos que a esposa estava querendo mandar as meninas para a faculdade baseada em "alguma prosperidade inesperada". Um familiar rico, de repente, enviou uma grande quantia de dinheiro. "Alguma prosperidade inesperada" *chegou*, de fato, pois a mulher mostrou fé ativa. Perguntei o que ela havia dito ao marido, quando tinha o cheque em mãos. Ela respondeu: "Ah, eu nunca contrario o George dizendo que estou certa".

Assim, prepare-se para a "prosperidade inesperada". Permita que cada pensamento e atitude expressem sua fé inabalável. Cada evento em sua vida é uma ideia cristalizada. Algo que você solicitou, seja pelo medo ou pela fé. *Algo para o qual você se preparou.*

Portanto, sejamos prudentes em levar óleo para nossas candeias, e, quando menos esperarmos, colheremos os frutos de nossa fé.

Minhas candeias agora estão cheias com o óleo da fé e da realização.

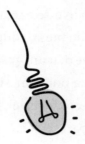

O que você espera?

> *"Seja-vos feito segundo a vossa fé."*
> (Mateus 9,29)

Fé é expectativa. "Seja-vos feito segundo a vossa fé."

Podemos dizer que você receberá de acordo com suas expectativas: então o que está esperando?

Ouvimos as pessoas dizerem: "Esperamos que o pior aconteça" ou "O pior ainda está por vir". Elas estão deliberadamente convidando o pior a aparecer. Outras dizem: "Espero uma mudança para melhor". Elas estão convidando circunstâncias melhores às suas vidas.

Como você pode mudar suas expectativas quando criou o hábito de esperar por perda, escassez ou fracasso? Comece a agir como se esperasse sucesso, felicidade e abundância; prepare-se para a prosperidade. Faça algo para mostrar que espera que isso aconteça. Somente a fé ativa pode impressionar o subconsciente.

Se você proferiu a palavra por uma casa, prepare-se imediatamente para ela, como se não tivesse nem um minuto a perder. Junte pequenos enfeites, toalhas de mesa, roupa de cama etc.

Conheci uma mulher que deu um grande salto de fé ao comprar uma poltrona enorme. Uma poltrona significava negócios, então ela comprou uma grande e confortável, pois estava se preparando para o homem certo. Ele apareceu.

Alguém pode perguntar: "E se você não tem dinheiro para comprar enfeites ou uma cadeira?". Olhe as vitrines das lojas e se conecte a elas em pensamento. Fique na mesma vibração. Às vezes escuto as pessoas dizerem: "Não entro nas lojas porque não tenho dinheiro para comprar nada". Essa é exatamente a razão pela qual você deveria entrar. Comece a fazer amizade com as coisas que deseja ou necessita.

Conheço uma mulher que queria um anel. Ela foi direto ao departamento de joias e experimentou todos os anéis. Essa atitude lhe deu tamanha realização de posse que, pouco tempo depois, uma amiga lhe deu um anel de presente. "Você se une àquilo que observa."

Mantenha-se observando coisas bonitas e você cria um contato invisível. Cedo ou tarde essas coisas são atraídas para sua vida, a não ser que você diga: "Coitado de mim, isso é bom demais para ser verdade".

"A minha alma espera somente em Deus; dele vem a minha salvação." Esta é a afirmação mais importante do Salmo 62. A alma é a mente subconsciente, e o salmista estava dizendo ao seu subconsciente que esperasse tudo vindo diretamente do Universo; sem depender de portas ou canais. "Dele vem a minha salvação."

Deus não falha, pois "Seus caminhos são engenhosos, Seus métodos são garantidos".

Você pode esperar qualquer prosperidade supostamente impossível vinda de Deus, contanto que não limite os canais.

Não diga como você quer que aconteça ou como não pode acontecer.

"Deus é o Doador e a Dádiva, *e cria os próprios canais maravilhosos.*"

Tome como exemplo a seguinte afirmação: *"Não posso ser separado de Deus, a Dádiva. A dádiva é Deus em ação".*

Perceba que cada bênção é um bem em ação e veja Deus em cada rosto e prosperidade em cada situação. Isso faz com que você domine todas as situações.

Uma mulher me procurou dizendo que não havia aquecimento nos radiadores do seu apartamento e que sua mãe sofria com o frio. E acrescentou:

– O senhorio afirmou que não podemos ter aquecimento até uma determinada data.

Respondi:

– Deus é o seu senhorio.

Ela respondeu:

– Isso é tudo o que eu queria saber.

E saiu apressada. Naquela tarde o aquecimento foi ligado sem questionamentos. Isso aconteceu porque ela percebeu que o senhorio era a manifestação de Deus.

Esta é uma era fantástica, pois as pessoas estão ficando prontas para os milagres; isso está no ar. Para citar um artigo que encontrei no *New York Journal American*, de John Anderson, ele corrobora com o que acabei de dizer. O título do artigo é: *Os frequentadores do teatro transformam peças metafísicas em sucesso.*

Outra noite, numa conversa na calçada, durante um intervalo de uma peça, ouvi um produtor cínico (que chamaremos de Brock Pemberton) dizer:

– Se vocês – referindo-se aos críticos – sabem tanto sobre o que o público de Nova York quer, por que não me dizem o que produzir? Por que não me dizem que tipo de peça os frequentadores querem ver?

– Eu diria – respondi –, mas você não acreditaria.

– Você está se esquivando – ele retrucou, com um sorriso sarcástico. –Você não sabe e está tentando disfarçar, fingindo saber mais do que está disposta a dizer. Neste exato momento você não faz a menor ideia, assim como eu, que tipo de peça costuma fazer sucesso.

– Faço sim – repliquei. – Há uma que é sucesso garantido, um tema que funciona e sempre funcionou, seja competindo com "romances, mistérios, tragédias históricas etc. Nenhuma peça sobre esse tema fracassou completamente, se é que isso tem algum mérito, e várias peças muito fracas foram grandes sucessos.

– Está se esquivando de novo – disse o senhor Pemberton. – Que tipo de peças são essas?

– Metafísicas – respondi, poluindo levemente a conversa com uma palavra grande e esperando, em silêncio, pelo seu efeito.

– Metafísica! – exclamou o senhor Pemberton. – Você quer dizer *metafísica*?

Calei-me por um momento e, como o senhor Pemberton não disse nada, imediatamente comecei a cuspir títulos como *Mais Próximo do Céu, The Star Wagon, O Milagre do Padre Malaquias* etc. Algumas dessas – acrescentei – chegaram até o público apesar das críticas.

Mas o senhor Pemberton tinha partido, provavelmente para perguntar, em todos os teatros da cidade, se algum metafísico trabalhava ali?

As pessoas estão começando a perceber o poder das palavras e dos pensamentos. Elas entendem por que "a fé é o firme fundamento das coisas que se esperam, e a prova das coisas que se não veem".

Vemos a lei da expectativa trabalhar por meio da superstição. Se você passar por baixo de uma escada esperando ter má sorte, ela lhe trará má sorte. A escada é inocente, a má sorte veio porque você esperou por ela.

Podemos dizer que a expectativa é o firme fundamento das coisas que se esperam ou que a expectativa é o firme fundamento daquilo que o homem teme. "Aquilo que esperei me aconteceu."

Nada é bom demais para ser verdade, nada é maravilhoso demais para acontecer, nada é bom demais para durar, quando você procura Deus para o seu bem.

Agora pense nas bênçãos que parecem tão distantes e comece a criar expectativa, sob a graça e de maneira inesperada, pois Deus se move de forma misteriosa para realizar Suas maravilhas.

Disseram-me que há três mil promessas na *Bíblia*. Esperemos a concretização de todas essas bênçãos. Entre elas estão prometidas riquezas e honras, juventude eterna ("então sua carne se renova voltando a ser como de criança") e vida eterna ("a própria morte será superada").

O Cristianismo foi fundado sobre o perdão dos pecados e uma tumba vazia. Sabemos agora que todas essas coisas são cientificamente possíveis. Ao invocarmos a lei do perdão, libertamo-nos dos erros e de suas consequências ("Embora os vossos pecados sejam como escarlate, eles se tornarão brancos como a neve"). Então, nossos corpos serão banhados na Luz, e expressarão o "corpo elétrico", que é uma substância pura, incorruptível e indestrutível, que expressa a perfeição.

Espero o inesperado; minha prosperidade gloriosa acontece agora.

O longo braço de Deus

"O Deus eterno é o teu refúgio, e para segurar-te estão os braços eternos."
(Deuteronômio 33,27).

Na *Bíblia*, o braço de Deus sempre simboliza proteção. Os escritores bíblicos sabiam do poder do símbolo, o qual traz uma imagem que se fixa na mente subconsciente. Eles usaram os símbolos da rocha, da ovelha, dos pastores, dos vinhedos, das candeias, e centenas de outros. Seria interessante saber quantos símbolos foram usados na *Bíblia*. O braço também simboliza a força.

"O Deus eterno é o teu refúgio, e para segurar-te estão os braços eternos. Ele expulsará os inimigos da tua presença, dizendo: 'Destrói-os!'."

Quem é o inimigo "diante de ti"? As formas-pensamento negativas que você construiu em sua mente subconsciente. Os inimigos do homem são apenas aqueles da própria casa. Os braços eternos expulsam os pensamentos inimigos e os destroem.

Alguma vez você já sentiu alívio ao eliminar alguma forma-pensamento negativa? Pode ter acontecido de você ter construído uma forma-pensamento de ressentimento, até estar fervendo de raiva por alguma coisa. Você se ressente de pessoas que conhece, pessoas que não conhece, pessoas do passado e do presente, e pode ter certeza de que as pessoas do futuro não escaparão de sua ira.

Todos os órgãos do corpo são afetados pelo ressentimento pois, ao ficar ressentido, você utiliza todos eles. O preço a pagar é reumatismo, artrite, neurite, entre outras doenças, pois os pensamentos ácidos produzem ácido no sangue. Todos esses problemas surgem porque você está travando essa batalha, em vez de deixar que o braço longo de Deus se encarregue dela.

Dei a seguinte afirmação para muitos dos meus alunos: *"O braço longo de Deus se estende sobre as pessoas e as circunstâncias, controlando a situação e protegendo os meus interesses"*.

Isso cria a imagem de um braço longo simbolizando a força e a proteção. Com a compreensão do poder do braço de Deus, você não resistiria ou se ressentiria mais. Você relaxaria e os pensamentos inimigos dentro de você seriam destruídos; desse modo, as circunstâncias adversas desapareceriam de sua vida.

Desenvolvimento espiritual significa a habilidade de permanecer firme, ou não se envolver, e deixar a Inteligência Infinita erguer seus fardos e lutar suas batalhas. Quando o fardo do ressentimento é erguido, você experimenta uma sensação de alívio! Você sente-se bondoso com todo mundo, e todos os órgãos do seu corpo começam a funcionar corretamente.

Um recorte de jornal de uma citação de Albert Edward Day, ministro metodista e doutor em Divindade, diz:

"É amplamente conhecido e aceito que amar nossos inimigos é bom para nossa saúde espiritual. Mas, que as emoções negativas e venenosas destroem a saúde física, é uma descoberta relativamente nova. Problema de saúde, geralmente, é emocional. Emoções erradas mantidas e repetidas são causas poderosas de enfermidades. Quando o pregador fala sobre amar nossos inimigos, o homem comum é capaz de descartar a ideia como algo insuportável e piedoso. Mas, na verdade, o pregador está lhe dizendo uma das primeiras leis de higiene, bem como de ética. Nenhum homem, mesmo para o bem do seu corpo, pode se dar ao luxo de entregar-se ao ódio. É como repetidas doses de veneno. Quando você é incitado a se livrar do medo, não está ouvindo um idealista lunático; mas, sim, ouvindo um conselho que é tão significativo para a saúde quanto orientações sobre dieta."

Ouvimos muito sobre dietas balanceadas, mas sem uma mente equilibrada você não consegue digerir o que come; com ou sem calorias.

Irresistência é uma arte. Quando adquirida, o mundo é seu! Muitas pessoas estão tentando forçar situações. Boas intenções duradouras nunca vêm pela imposição das vontades pessoais.

> "Afasta-te daquilo que se mantém afastado,
> A fortuna te encontrará, mesmo sem a teres procurado.
> Vê a sombra dele ao caminhar!
> Vê a sombra dele no limiar!"[3]

---
[3] O trecho é do poema *Saadi*, de Ralph Waldo Emerson. Não encontrei uma versão já consagrada, por isso fiz minha própria tradução. (N.T.)

Não conheço o autor destas palavras.

Lovelock, o famoso atleta neozelandês,[4] foi perguntado sobre como conseguia atingir tanta velocidade e resistência ao correr. Ele respondeu: "Aprenda a relaxar". Precisamos atingir essa tranquilidade na ação. Ele alcançava o máximo de relaxamento quando corria o mais rápido possível.

Sua grande oportunidade ou grande sucesso geralmente surgem quando você menos espera. É preciso se soltar por tempo suficiente para que a magnífica lei da atração aja. *Você nunca viu um ímã preocupado e ansioso.* Ele permanece ereto, sem uma única preocupação no mundo, porque sabe que é impossível parar de atrair as agulhas. As coisas que desejamos acontecem quando tiramos o pé do acelerador.

Em meu curso por correspondência, eu cito: *"Não deixe o desejo do seu coração tornar-se a doença do seu coração".*

Você é desmagnetizado por completo quando deseja algo muito intensamente. Você se preocupa, teme e agoniza. Há uma lei oculta da indiferença: "Todavia, não me importo". Seus navios vêm por um mar que não se importa.

Muitas pessoas conhecedoras da Verdade antagonizam os amigos, porque se sentem ansiosas demais para que eles leiam os livros e compareçam às palestras. Elas encontram oposição.

Uma amiga levou meu livro *O jogo da vida (e como jogá-lo)* para ler na casa do irmão. Os homens mais novos da família se recusaram a lê-lo. Não queriam nenhuma "coisa de doido". Um desses jovens é taxista. Certa noite, ele dirigia um táxi que pertencia a outro homem. Ao examinar o carro, encontrou um livro guardado em

---

[4] A autora se refere a ele como um atleta "inglês", mas essa informação é incorreta. (N.T.)

algum lugar. Era *O jogo da vida (e como jogá-lo)*. No dia seguinte ele disse à tia: "Na noite passada encontrei o livro da senhora Shinn no táxi. Li e achei ótimo! Há bastante coisa boa nele. Por que ela não escreve outro livro?". Deus trabalha de maneiras tortuosas para realizar Suas maravilhas.

Conheço pessoas infelizes e algumas poucas gratas ou contentes. Um homem me disse certo dia: "Tenho muitos motivos para ser grato. Tenho boa saúde, dinheiro suficiente e ainda estou solteiro".

O Salmo 89 é muito interessante, pois percebemos que duas pessoas participam: o homem que canta o salmo (pois todos os salmos são cânticos ou poemas) e Deus, o Senhor dos Exércitos, que lhe responde. É um cântico de louvor e agradecimento, exaltando o braço forte de Deus.

"Cantarei para sempre o amor do Senhor!"
"Ó Senhor, Deus dos Exércitos, quem é semelhante a ti?"
"O teu braço é poderoso; a tua mão é forte, exaltada é tua mão direita."

Então, o Senhor dos Exércitos responde:

"A minha mão o susterá, e o meu braço o fará forte."
"Manterei o meu amor por ele para sempre, e a minha aliança com ele jamais se quebrará."

Ouvimos as palavras "para sempre" apenas na *Bíblia* e nos contos de fadas. Em absoluto, o homem não pertence ao tempo e espaço. Sua prosperidade é "da eternidade para a eternidade". Os contos de fadas surgem de antigas lendas persas, baseadas na Verdade.

A PORTA SECRETA PARA O SUCESSO

Aladdin e sua lâmpada mágica são a representação da Palavra. Aladdin esfregou a lâmpada e todos os seus desejos se realizaram. Sua palavra é a sua lâmpada. Palavras e pensamentos são uma forma de radioatividade, e não retornam vazios. Você colhe, continuamente, os frutos de suas palavras.

Uma amiga, em uma das minhas convenções, disse que havia trazido para a aula um homem que estava sem trabalho fazia um ano ou mais. Dei a ele a afirmação: *"Agora é o momento determinado. Hoje é o dia da minha maravilhosa boa sorte"*. A afirmação fez sentido em sua consciência. Logo depois, foi oferecido a ele um cargo que pagava nove mil dólares ao ano!

Uma mulher me contou que, quando abençoei a doação, mencionei que cada contribuição retornaria mil vezes. Ela tinha posto um dólar na arrecadação e disse, com profunda percepção: "Este dólar está abençoado e retorna como mil dólares". Ela recebeu mil dólares pouco tempo depois de uma forma inesperada.

Por que algumas pessoas manifestam essa Verdade muito mais rápido do que outras? É porque elas têm ouvidos que ouvem. Jesus Cristo conta a parábola do homem que lançou a semente e esta caiu em terra boa. A semente é a palavra. Eu digo: *"Escute a afirmação que faz sentido; a afirmação que lhe traz realização. Essa afirmação trará frutos"*.

Outro dia, fui a uma loja onde o dono é meu conhecido. Eu tinha dado um cartão com uma afirmação a um de seus funcionários. Eu lhe disse, brincando:

– Não vou gastar uma afirmação com você. Sei que não a usaria.

Ele respondeu:

– Ah, vá em frente, me dê uma. Vou usá-la.

Na semana seguinte lhe dei um cartão. Antes de eu sair da loja, ele veio apressado e animado em minha direção, e falou:

– Já fiz a afirmação e dois clientes novos entraram.

O cartão dizia: "Agora é o momento determinado. Hoje é o dia da minha maravilhosa boa sorte". Tinha dado certo.

Muitas pessoas usam suas palavras em afirmações exageradas e imprudentes. Encontro grande parte do material para as minhas palestras no salão de beleza. Uma garota queria uma revista para ler. Ela chamou a funcionária e disse: "Me dê algo terrivelmente novo e horrivelmente emocionante". Tudo o que ela queria era a última revista sobre cinema. Ouvimos as pessoas dizerem: "Queria que algo terrivelmente emocionante acontecesse". Elas estão convidando alguma experiência infeliz, mas emocionante, para suas vidas. Depois se perguntam por que isso aconteceu com elas.

Deveria haver uma disciplina de metafísica em todas as universidades. Metafísica é a sabedoria de todos os tempos. É a sabedoria ancestral ensinada ao longo dos séculos na Índia, no Egito e na Grécia. Hermes Trismegisto foi um grande sábio e sacerdote egípcio. Seus ensinamentos foram protegidos rigorosamente e chegaram até nós ao longo de dez séculos. Ele viveu no Egito durante a infância da humanidade atual. Mas, se você ler atentamente o *Caibalion*, verá que ele ensinava o que ensinamos hoje. Ele dizia que todos os estados mentais são acompanhados de vibrações. Você se une àquilo que vibra; então nos permitamos agora vibrar para o sucesso, a felicidade e a abundância.

Agora é o momento determinado. Hoje é o dia da minha maravilhosa boa sorte.

A encruzilhada

"Escolhei hoje a quem ireis servir."
(Josué 24,15)

Todos os dias há uma necessidade de escolha (uma encruzilhada). "Devo fazer isso ou aquilo? Devo ir ou ficar?" Muitas pessoas não sabem o que fazer. Apressam-se em permitir que outros escolham por elas e depois se arrependem de ter seguido o conselho. Há outras que racionalizam as coisas cuidadosamente; pesam e mensuram a situação como se lidassem com mantimentos e ficam surpresas quando falham em alcançar seu objetivo. Há, ainda, aquelas que seguem o caminho mágico da intuição e encontram sua Terra Prometida em um piscar de olhos.

A intuição é uma capacidade espiritual muito acima da mente racional, mas nesse caminho está tudo o que você deseja ou necessita.

No meu livro *O jogo da vida (e como jogá-lo)*, dou muitos exemplos de sucesso obtido pelo uso dessa capacidade extraordinária.

Também digo que a oração é como telefonar para Deus e a intuição é como se Deus lhe telefonasse. (Curso por correspondência.)

Portanto, escolha o dia de hoje para seguir o caminho mágico da intuição.

Nas minhas aulas de perguntas e respostas, conto como cultivar a intuição.

Na maioria das pessoas, essa é uma capacidade que permanece dormente. Por isso dizemos: "Você que dorme, desperte. Acorde para as orientações e pressentimentos. Desperte para a divindade interior!".

Claude Bragdon, um arquiteto e escritor americano, disse: "Viver intuitivamente é viver na quarta dimensão".

Agora é necessário que você tome uma decisão, pois está diante de uma encruzilhada. *Peça por uma orientação definitiva e a receberá.*

Encontramos inúmeros acontecimentos passíveis de serem interpretados por meio da visão metafísica no livro de Josué. "Após a morte de Moisés, a ordem divina foi dada a Josué: 'Agora, pois, tu e todo este povo preparai-vos para atravessar o rio Jordão e entrar na terra que eu dou aos filhos de Israel. Como prometi a Moisés, todo lugar onde puserdes os pés, eu darei a vós'."

Os pés são um símbolo da compreensão, o que significa (metafisicamente) que tudo o que compreendemos permanece sob nós em consciência, e o que está enraizado não pode nunca ser tomado.

E a *Bíblia* continua dizendo: "Ninguém conseguirá resistir a ti todos os dias da tua vida. [...] Nunca te deixarei, nunca te abandonarei. Somente sê forte e muito corajoso! Tem o cuidado de obedecer a toda a lei que o meu servo Moisés ordenou a ti; não desvies dela, nem para a direita nem para a esquerda, para que sejas bem-sucedido por onde quer que andes".

Portanto, descobrimos que temos sucesso ao sermos fortes e muito corajosos em seguir a lei espiritual. Voltamos novamente para a "encruzilhada", a necessidade de escolha.

"Escolham hoje a quem irão servir", o intelecto ou a orientação divina.

Um homem bastante conhecido, que se tornou uma potência no mundo financeiro, disse a um amigo: "Sempre sigo a intuição e sou a encarnação da sorte".

A inspiração (que é a orientação divina) é a coisa mais importante da vida. As pessoas frequentam os encontros da Verdade em busca de inspiração. Descobri que a palavra certa iniciará a ação da Atividade Divina na vida deles.

Uma mulher me procurou com um assunto complicado. Eu disse a ela: "Deixe Deus contornar o problema". Fez sentido. Ela pegou a afirmação para si. "Agora deixo que Deus contorne essa situação." Quase imediatamente ela alugou uma casa que estava desocupada havia bastante tempo.

Deixe que Deus faça os "malabarismos" necessários, pois, quando você tenta, deixa todas as bolas caírem.

Em minhas aulas de perguntas e respostas, me questionam: "Como você deixa Deus contornar a situação, e o que quer dizer quando pede que não tentemos?".

Você faz malabarismo com o raciocínio. O raciocínio diria: "Os tempos são difíceis, o mercado imobiliário está parado. Não crie expectativas até o outono de 1958".

Com a lei espiritual, só existe o *agora*. Antes de pedir, você é atendido, pois "tempo e espaço são apenas um sonho", e *sua bênção está aguardando para ser liberta pela sua fé e pela palavra.*

"Escolhei hoje a quem quereis servir", ao medo ou à fé.

Em cada atitude incitada pelo medo há o gérmen da própria derrota. É preciso muita força e coragem para confiar em Deus. Com frequência confiamos n'Ele para coisas pequenas, mas, quando se trata de situações sérias, sentimos que seria melhor nós mesmos lidarmos com elas; então vem a derrota e o fracasso.

O trecho a seguir é de uma carta que recebi de uma mulher do Oeste, e mostra como as circunstâncias podem mudar em um piscar de olhos.

> *"Tive o prazer de ler o seu magnífico livro* O jogo da vida (e como jogá-lo). *Tenho quatro meninos, de dez, treze, quinze e dezessete anos, e pensei no quanto seria maravilhoso que eles também o lessem e conseguissem conquistar aquilo que lhes pertence por direito divino.*
>
> *A amiga que me emprestou seu livro deu-me outros para ler, mas, quando apanhei* O Jogo da vida (e como jogá-lo), *ele pareceu magnético e não consegui largá-lo. Percebi, depois da leitura, que estava tentando viver de forma divina, mas não entendia a lei, ou teria avançado muito mais.*
>
> *No início achei muito difícil encontrar um lugar no mundo empresarial, depois de tantos anos sendo exclusivamente mãe. Mas fiz esta afirmação: 'Deus abre caminho onde não há'. E Ele fez exatamente isso por mim.*
>
> *Sou grata pelo meu cargo e sorrio quando as pessoas dizem: 'Como você dá conta? Como consegue cuidar de quatro meninos em fase de crescimento, administrar uma casa, depois de todas as vezes em que esteve hospitalizada por causa de cirurgias tão graves, e nenhum de seus parentes por perto?'."*

Tenho esta afirmação em meu livro: *"Deus abre caminho onde não há"*.

Deus abriu um caminho para ela nos negócios, quando todos os amigos diziam ser impossível. A pessoa comum dirá que quase tudo não é possível de ser feito.

Tive um exemplo disso outro dia. Encontrei em uma loja uma pequena cafeteira italiana, que fazia apenas uma xícara de café. Entusiasmada, mostrei para algumas amigas e uma delas disse: "Nunca vai funcionar". A outra falou: "Se fosse minha, jogaria fora". Defendi a pequena cafeteira e disse ter certeza de que ela funcionaria. Funcionou.

Minhas amigas eram apenas aquelas típicas pessoas comuns, que dizem "é impossível".

Todas as grandes ideias encontram oposição.

Não deixe outras pessoas afundarem o seu barco.

Siga o caminho da sabedoria e da compreensão. "E não desvies dela, nem para a direita nem para a esquerda, para que sejas bem-sucedido por onde quer que andes."

No versículo 13 do capítulo 24 de Josué, lemos uma afirmação significativa: "Foi assim que dei a vós uma terra que não cultivastes e cidades que não construístes. Nelas, vós morais e comeis de vinhas e olivais que não plantastes".

Isso mostra que o homem não pode *conquistar* nada; suas bênçãos vêm em forma de presentes. (Dádivas para que nenhum homem se vanglorie.)

Com a *realização da prosperidade*, recebemos a dádiva da prosperidade. Com a *realização do sucesso*, recebemos a dádiva do sucesso, pois sucesso e abundância são estados de espírito.

"Foi o próprio Senhor, nosso Deus, quem nos tirou, a nós e a nossos pais, da terra do Egito, da casa da servidão."

A terra do Egito representa a escuridão; a casa da servidão, onde o homem é escravo de suas dúvidas e medos, e acredita na escassez e na limitação, como resultado de ter seguido o caminho errado na encruzilhada.

O infortúnio nasce da falha em seguir aquilo que o espírito revelou por meio da intuição. Todos os grandes feitos foram realizados por homens que seguiram grandes ideias.

Henry Ford já havia passado da meia-idade quando teve a ideia do carro Ford. Ele teve muita dificuldade em conseguir dinheiro. Os amigos achavam ser uma ideia absurda. O próprio pai lhe disse, com lágrimas nos olhos: "Henry, por que desistir de um bom trabalho, que paga vinte e cinco dólares por semana, para perseguir uma ideia maluca?". Mas ninguém afundaria o barco de Henry Ford.

Portanto, para sairmos da terra do Egito, da casa da servidão, precisamos tomar a decisão correta.

Siga o caminho certo na encruzilhada. "Somente sê forte e muito corajoso! Tem o cuidado de obedecer a toda a lei que o meu servo Moisés ordenou a ti; não desvies dela, nem para a direita nem para a esquerda, para que sejas bem-sucedido por onde quer que andes."

Hoje, ao nos aproximarmos da encruzilhada, vamos seguir sem medo a voz da intuição. A *Bíblia* a chama de "o murmúrio de uma brisa suave".

"Uma voz atrás de ti dirá: 'Este é o caminho; segue-o'."

Nesse caminho está a prosperidade que lhe foi preparada.

Você encontrará a "terra que não cultivastes e cidades que não construístes. Nelas, vós morais e comeis de vinhas e olivais que não plantastes".

Sou guiado divinamente, sigo o caminho certo na encruzilhada. Deus abre caminho onde não há.

Cruzando o mar Vermelho

"Diz aos israelitas que sigam avante."
(Êxodo 14,15)

Uma das histórias mais dramáticas na *Bíblia* é o episódio dos filhos de Israel cruzando o mar Vermelho. Moisés os guiava para fora da terra do Egito, onde eram mantidos em servidão e escravidão. Estavam sendo perseguidos pelos egípcios.

Os filhos de Israel, como a maioria das pessoas, não gostavam de confiar em Deus. Eles disseram a Moisés: "Tínhamos dito a vós no Egito para nos deixar em paz! Antes ser escravos dos egípcios do que morrer no deserto!".

"Moisés respondeu ao povo: 'Não tenhais medo. Ficai firmes e vede o livramento que o Senhor trará hoje, porque vós nunca mais vereis os egípcios que hoje vedes. O Senhor lutará por vós e vós vos calareis'."

Podemos dizer que Moisés tentava incutir fé nos filhos de Israel. Mas eles preferiam ser escravos das próprias dúvidas e medos (pois o Egito representa a escuridão) do que dar um salto de fé e atravessar o deserto até a Terra Prometida.

Há, de fato, um deserto a ser atravessado antes de a Terra Prometida ser alcançada.

As antigas dúvidas e medos acampam ao seu redor, mas sempre há alguém para dizer que siga em frente! Sempre há um Moisés no seu caminho. Às vezes é um amigo, às vezes é a intuição!

"Disse então o Senhor a Moisés: 'Por que clamas a mim? Diz aos israelitas que sigam avante. Ergue o teu cajado e estende a mão sobre o mar, e as águas se dividirão. Assim os filhos de Israel atravessarão o mar em terra seca'.

Então Moisés estendeu a mão sobre o mar, e o Senhor fez com que o mar recuasse com um forte vento oriental, durante toda aquela noite, e o mar ficou seco.

Com as águas divididas, os israelitas atravessaram pelo meio do mar em terra seca, tendo uma parede de água à direita e outra à esquerda.

Os egípcios os perseguiram, e entraram atrás deles com todos os cavalos, carros de guerra e cavaleiros, até o meio do mar.

Mas o Senhor disse a Moisés: 'Estende a mão sobre o mar para que as águas voltem sobre os egípcios, sobre os seus carros de guerra e sobre os seus cavaleiros'.

Moisés estendeu a mão e o mar voltou ao seu lugar, e encobriu os carros de guerra, os cavaleiros e todo o exército do faraó que perseguia os filhos de Israel. Ninguém sobreviveu."

Agora se lembre: a *Bíblia* está falando sobre o indivíduo. Está falando sobre o *seu* deserto, o *seu* mar Vermelho e a *sua* Terra Prometida.

A PORTA SECRETA PARA O SUCESSO

Cada um de vocês tem uma Terra Prometida, o desejo no seu coração, mas vocês têm estado tão escravizados pelos egípcios (pensamentos negativos) que ela parece muito distante, e boa demais para ser verdade. Você considera confiar em Deus uma proposta muito arriscada. O deserto pode ser pior que os egípcios.

E como saber se a sua Terra Prometida realmente existe?

A mente racional sempre apoiará os egípcios. Porém, mais cedo ou mais tarde, algo diz: "Vá em frente!". Geralmente são as circunstâncias; e você é atraído por elas.

Dou o exemplo de uma aluna.

Ela é uma pianista extraordinária e fez muito sucesso no exterior. Retornou com um livro cheio de recortes de jornal e um coração feliz. Um familiar se interessou por ela e disse que apoiaria financeiramente uma turnê de concertos. Escolheram um empresário, que ficou responsável por cuidar das despesas e pelos agendamentos.

Após uma ou duas apresentações, o dinheiro sumiu. O empresário tinha ficado com tudo. Minha amiga foi deixada sem recursos, desolada e decepcionada. Foi nesse momento que ela me procurou.

Ela odiava o homem, e esse sentimento a estava deixando doente. Com pouco dinheiro, podia pagar apenas um quarto sem aquecimento, onde suas mãos estavam sempre frias demais para praticar. Ela se encontrava na servidão dos egípcios: ódio, ressentimento, escassez e limitação.

Alguém a trouxe para uma das minhas conferências; ela falou comigo e me contou sua história. Eu disse:

– Em primeiro lugar, você precisa parar de odiar esse homem. Quando for capaz de perdoá-lo, o sucesso retornará. Você está instaurando o perdão na sua vida.

Parecia um pedido muito ambicioso, mas ela não desistiu e compareceu regularmente a todos os meus encontros.

Enquanto isso, um parente dela tinha iniciado um processo para recuperar o dinheiro. O tempo se passou e a ação nunca chegou ao tribunal.

Minha amiga foi chamada para ir à Califórnia. Ela não estava mais incomodada pela situação e havia perdoado o empresário que ficara com seu dinheiro.

De repente, depois de quatro anos, ela foi notificada que o caso seria julgado. Ela me ligou depois de chegar a Nova York e me pediu para proferir a palavra por retidão e justiça.

Eles chegaram ao tribunal no horário marcado e tudo foi resolvido extrajudicialmente, com o homem restituindo o dinheiro em pagamentos mensais.

Ela então me procurou, transbordando de alegria, e disse que não sentira o menor ressentimento pelo homem e que ele havia ficado surpreso quando ela o cumprimentara com educação.

O parente que havia investido em sua carreira não quis o dinheiro de volta, e ela se viu com uma conta bancária gorda.

Em breve, a minha amiga chegará à Terra Prometida, pois saiu da casa da servidão (do ódio e do ressentimento) e cruzou o mar Vermelho. Sua benevolência em relação ao homem fez com que as águas se dividissem e ela cruzasse a terra seca.

A terra seca simboliza algo sólido sob os seus pés; os pés simbolizam a compreensão.

Moisés destaca-se como uma das maiores figuras da história bíblica.

Foi ele quem teve de sair do Egito com seu povo. A tarefa diante dele não era apenas a relutância do faraó em deixar partir os escravos lucrativos que criara, mas também estimular esse povo (que perdera a iniciativa diante da dureza dos capatazes) a se rebelar abertamente.

Era necessário uma genialidade extraordinária para atender a essa situação, algo que Moisés possuía, com abnegação e coragem, pelas próprias convicções. Ele foi chamado de "o mais manso dos homens". Com frequência ouvimos a expressão "tão manso quanto Moisés".

O Senhor disse a Moisés: "Ergue o teu cajado e estende a mão sobre o mar, e as águas se dividirão para que os filhos de Israel atravessem o mar em terra seca".

Então, sem duvidar jamais, ele disse aos filhos de Israel: "Segui avante!". Foi uma atitude ousada; guiar milhares de pessoas para dentro do mar, tendo plena fé de que não se afogariam.

Eis o milagre!

"O Senhor afastou o mar e o tornou terra seca, com um forte vento oriental que soprou toda aquela noite. As águas se dividiram."

Lembre-se: o mesmo pode acontecer com você hoje. Pense no seu problema. Talvez você tenha perdido a iniciativa por viver como escravo do faraó (suas dúvidas, medos e desânimos) há tanto tempo. Diga a si mesmo: "Siga avante!".

"O Senhor afastou o mar e o tornou terra seca, com um forte vento oriental…"

Pensaremos nesse forte vento oriental como uma afirmação poderosa. Faça uma afirmação vital da Verdade. Por exemplo: se o seu problema é financeiro, diga: "Meu suprimento vem de Deus, e grandes e felizes surpresas financeiras vêm ao meu encontro, sob a graça e de maneira perfeita". Esta afirmação é boa porque contém o elemento do mistério.

Dizem-nos que Deus trabalha de maneiras misteriosas para realizar Suas maravilhas. De maneiras surpreendentes, podemos dizer também. Agora que você fez sua afirmação para suprimentos, o forte vento oriental começou a soprar. Então atravesse o seu mar Vermelho de escassez ou limitação. A maneira de atravessá-lo é fazendo algo que mostre seu destemor.

Vou contar a história de uma estudante que recebeu um convite para visitar alguns amigos em um *resort* de verão muito requintado. Ela vivia no interior há bastante tempo, tinha engordado e não cabia em nada além da roupa de escoteira. O convite veio de repente. Significava roupas formais, sapatos de salto e acessórios, nada que ela possuísse, e também não tinha dinheiro para comprá-los. Ela me procurou. Perguntei:

– Qual o seu pressentimento?

Ela respondeu:

– Me sinto corajosa. Tenho o pressentimento de ir mesmo assim.

Então, ela se apertou em uma roupa para a viagem e foi. Ao chegar à casa da amiga, foi muito bem recebida, mas a anfitriã disse, um pouco envergonhada:

– Talvez você possa ficar ofendida com o que fiz, mas coloquei algumas roupas formais e sapatos que não uso mais no seu quarto. Não quer experimentar?

Minha amiga garantiu que ficara grata, e tudo serviu perfeitamente. Ela havia, de fato, encarado seu mar Vermelho e cruzado pela terra seca.

"As águas do meu mar Vermelho se dividem, e eu atravesso pela terra seca. Agora sigo avante para a Terra Prometida."

Sentinelas no portão

*"Coloquei sentinelas entre vós e disse:
Prestai atenção ao som da trombeta!"*
(Jeremias 6,17)

Todos nós devemos ter uma sentinela no portão dos nossos pensamentos. A sentinela é a mente superconsciente. Temos o poder de escolher nossos pensamentos. Já que vivemos na corrida dos pensamentos há milhares de anos, parece quase impossível controlá-los. Eles correm pela nossa mente como uma debandada de gado ou ovelhas. Mas um único cão pastor consegue controlar as ovelhas assustadas e guiá-las para o curral.

Vi, em um filme de cinejornal, um cão pastor controlando as ovelhas. Ele tinha reunido todas, exceto três delas. Essas, resistiram e se ressentiram. Elas baliam e levantavam as patas dianteiras em protesto, mas o cachorro apenas se sentou na frente delas, sem parar de encará-las. Ele não latiu nem ameaçou. Apenas se sentou, determinado. Em pouco tempo, as ovelhas viraram a cabeça e entraram no ovil.

Podemos aprender a controlar nossos pensamentos da mesma forma, com determinação mansa, em vez de força. Escolhemos uma afirmação e a repetimos sem parar, enquanto nossos pensamentos estão em alvoroço. Nem sempre podemos controlar nossos pensamentos, mas sim controlar nossas palavras; e a repetição sistemática impressiona o subconsciente. Dessa forma, tornamos-nos donos da situação.

No capítulo 6 de Jeremias, lemos: "Coloquei sentinelas entre vós e disse: Prestai atenção ao som da trombeta!".

Seu sucesso e felicidade na vida dependem de que a sentinela no portão de seus pensamentos, cedo ou tarde, se cristalize no exterior.

As pessoas acham que ao fugir de uma situação negativa se livram dela, mas são confrontadas com essa mesma situação aonde quer que vão.

Elas encontrarão as mesmas experiências até que tenham aprendido a lição. Essa ideia é trazida no filme *O Mágico de Oz*.

Na história, a garotinha Dorothy está muito infeliz porque a mulher má do povoado quer mandar seu cachorro Totó embora. Desesperada, ela vai se confidenciar com a tia Em e o tio Henry, mas eles estão ocupados demais para ouvi-la e dizem para "ir embora".

Dorothy diz a Totó: "Existe algum lugar, um lugar maravilhoso no alto do céu, onde todos são felizes e ninguém é mau".

Como ela gostaria de estar lá!

Um ciclone surge subitamente no Kansas, e ela e Totó são levantados, com casa e tudo, bem alto no céu, e aterrissam na terra de Oz. De início tudo parece muito agradável, mas logo ela começa a ter as mesmas experiências antigas. A mulher má do povoado transformou-se em uma bruxa terrível e ainda tenta afastá-la de seu cachorro.

Como ela queria estar de volta ao Kansas!

Ela então é aconselhada a procurar o mágico de Oz. Ele é todo-poderoso e poderá atender ao seu pedido.

Dorothy parte à procura do palácio dele na Cidade das Esmeraldas. No caminho, conhece um espantalho. Ele é muito infeliz porque não tem um cérebro. Ela também acaba conhecendo um homem feito de lata, que é infeliz por não ter um coração. E, finalmente, conhece um leão que é infeliz porque não tem coragem.

A garota procura animar seus novos amigos, dizendo: "Vamos todos encontrar o mágico e ele nos dará o que queremos" (um cérebro para o espantalho, um coração para o homem de lata e coragem para o leão).

Acontece que eles passam por terríveis experiências, pois a Bruxa Má está determinada a levar embora o Totó e pegar os sapatinhos de rubi de Dorothy, que a protegem. Quando finalmente o grupo chega ao Palácio de Esmeraldas e pede uma audiência com o mágico, eles descobrem que ninguém nunca o viu por lá e que ele vive misteriosamente na floresta.

Com a ajuda da Bruxa Boa do Norte, Dorothy e seus amigos conseguem adentrar na floresta e descobrem que o mágico de Oz é apenas um mágico falso da cidade natal de Dorothy, no Kansas.

Todos ficam desesperados, pois seus desejos não poderão ser atendidos!

Entretanto, a Bruxa Boa lhes mostra que os desejos deles já foram concedidos. O espantalho adquiriu um cérebro ao precisar decidir o que fazer diante de tudo que encontrou; o homem de lata descobriu ter um coração porque ama Dorothy; e o leão tornou-se corajoso porque teve que demonstrar coragem em diversas aventuras.

Então, a Bruxa Boa do Norte pergunta a Dorothy:
– O que você aprendeu com suas experiências?
E a menina responde:
– Aprendi que o desejo do meu coração está em minha própria casa e em meu próprio quintal.

Assim, a Bruxa Boa agita sua varinha e Dorothy está em casa de novo.

Quando acorda, ela descobre que o espantalho, o homem de lata e o leão são os homens que trabalham na fazenda do seu tio, e que estão muito felizes em tê-la de volta.

Esta história de *O Mágico de Oz* nos ensina que, se você fugir, os problemas irão atrás de você.

Permaneça *tranquilo* diante de uma situação, e ela perderá a importância.

Há uma lei oculta da indiferença: "Nenhuma dessas coisas me comove". Em uma linguagem mais moderna, podemos dizer: "nenhuma dessas coisas me incomoda".

Quando você deixa de se incomodar, todo o incômodo desaparece do exterior.

"Quando seus olhos enxergam seus professores, os professores desaparecem."

"Coloquei sentinelas entre vós e disse: Prestai atenção ao som da trombeta!"

A trombeta é um instrumento musical usado antigamente para chamar a atenção das pessoas para alguma coisa (para a vitória, para uma determinação).

Você criará o hábito de dar atenção a cada pensamento e palavra quando perceber o quanto são importantes.

A imaginação, a tesoura da mente, está constantemente podando os acontecimentos que ocorrerão em sua vida.

Muitas pessoas estão podando imagens de medo, vendo coisas que não são divinamente planejadas.

Com o "olhar único", o homem vê apenas a Verdade. Ele enxerga através do mal, sabendo que o bem virá dele. Ele transforma injustiça em justiça, e desarma seu possível inimigo ao emitir benevolência.

Lemos na mitologia sobre os ciclopes, uma raça de gigantes que dizem ter habitado a Sicília, e que tinham apenas um olho no meio da testa.

O lugar da capacidade imaginativa situa-se na testa (entre os olhos). Portanto, esses gigantes lendários surgem dessa ideia.

Você é, de fato, um gigante quando tem um único olho. Nesse caso, todo pensamento é construtivo, e cada palavra é de Poder. Permita que o terceiro olho seja a sentinela no portão.

"Se os teus olhos forem bons, todo teu corpo estará cheio de luz."

Com o olho único, seu corpo será transformado em seu corpo espiritual, no "corpo elétrico", feito à imagem (imaginação) e à semelhança de Deus.

Enxergando o plano perfeito com clareza, poderíamos resgatar o mundo, vendo um mundo de paz, abundância e benevolência, com nosso olho interior.

"Não julgueis apenas pela aparência, mas julgai com justiça."

"Uma nação não mais pegará em armas para atacar outra nação, nem jamais tornarão a se preparar para a guerra."

A lei oculta da indiferença significa que as circunstâncias adversas não o perturbam. Você se apega firmemente ao pensamento construtivo, que vence.

A lei espiritual transcende a lei do carma. Essa é a atitude mental que precisa ser mantida pelo curador ou profissional diante de seu paciente.

Indiferente às condições de escassez, perda ou doença, ele provoca mudanças na mente, no corpo e nas circunstâncias.

Permitam-me citar o capítulo 31 de Jeremias. O tema principal é de regozijo. Ele proporciona uma imagem do indivíduo liberto dos pensamentos negativos.

"Porque vai chegando o dia em que as sentinelas gritarão nas colinas de Efraim: 'Vinde e subamos a Sião, à presença do Senhor, nosso Deus'."

A sentinela no portão se manterá alerta e não dormirá. Ela é o "protetor de Israel".

Mas o indivíduo, vivendo em um mundo de pensamentos negativos, não tem consciência desse olho interior. De vez em quando, ele pode ter lampejos de intuição ou elucidação, mas então volta para o mundo caótico.

É preciso determinação e vigilância eterna para controlar palavras e pensamentos. Pensamentos de medo, fracasso, ressentimento e hostilidade devem ser dissolvidos e dissipados.

Use esta afirmação: *"Cada planta que meu Pai Celestial não tenha plantado deve ser arrancada pela raiz"*.

Isso lhe dá uma imagem vívida de ervas daninhas sendo arrancadas em um jardim. Elas são jogadas de lado e secam, porque não têm um solo para nutri-las.

Mas o indivíduo, vivendo em um mundo de pensamentos negativos, não tem consciência do seu olho interior.

Você nutre negatividade com sua atenção. Utilize a lei oculta da indiferença e se recuse a se interessar.

Logo, você matará de fome o "exército dos estrangeiros". Ideias divinas ocuparão sua consciência, ideias falsas sumirão e você desejará apenas aquilo que Deus deseja por meio de você.

Os chineses têm um provérbio que diz: "O filósofo deixa o corte de seu casaco para o alfaiate".

Então, deixe o plano de sua vida para o Criador Divino e você encontrará todas as circunstâncias permanentemente perfeitas.

O solo onde piso é sagrado. Agora me expando rapidamente para o plano divino da minha vida, onde todas as circunstâncias são permanentemente perfeitas.

O caminho da abundância

"Então, amontoarás ouro como pó."
(Jó 22,24)

O caminho da abundância é uma via de mão única.
Como diz a antiga expressão, "não há dúvida nenhuma sobre isso".
Você está indo em direção à escassez ou à abundância. O homem com uma consciência rica e o homem com uma consciência pobre não caminham na mesma rua mental.

Há um suprimento suntuoso, divinamente planejado para cada indivíduo. O homem rico desfruta desse suprimento porque pensamentos abundantes produzem entornos abundantes.

Mude seus pensamentos e, em um piscar de olhos, todas as suas circunstâncias mudarão. O seu mundo é um mundo de ideias e palavras cristalizadas. Cedo ou tarde você colherá os frutos de suas palavras e pensamentos.

"Palavras são corpos ou forças que se movem em espiral e retornam no devido tempo para cruzar a vida de seus criadores." Pessoas que estão sempre falando sobre escassez e limitação colhem escassez e limitação.

Você não pode entrar no Reino da Abundância lamentando o destino.

Conheço uma mulher que sempre limitava suas ideias de prosperidade. Ela vivia repetindo que suas roupas antigas eram "boas o suficiente", em vez de comprar roupas novas. Era muito cuidadosa com o dinheiro que possuía e sempre aconselhava o marido a não gastar demais. Repetia sempre: "Não quero nada que não possa pagar".

Ela não podia pagar muito, portanto, não tinha muito. Subitamente, seu mundo inteiro caiu. O marido a deixou, farto de sua insistência e pensamentos limitados. Ela ficou desesperada, até que, um dia, encontrou um livro sobre metafísica que explicava o poder do pensamento e das palavras.

Ela percebeu que havia atraído cada experiência infeliz por pensar da forma errada. Ao rir dos próprios erros com sinceridade, decidiu se beneficiar deles. Ficou determinada a *provar a lei da abundância.*

A mulher usou o dinheiro que tinha, sem medo, para mostrar sua fé na provisão invisível. Confiou em Deus como a fonte de sua prosperidade. Ela não vocalizava mais a escassez ou a limitação. Ela se mostrava aparentando prosperidade.

Seus amigos antigos mal a reconheciam. Ela estava trilhando o caminho da abundância. Tinha mais dinheiro do que jamais tivera antes. Portas desconhecidas se abriram, canais maravilhosos estavam livres. Ela se tornou extremamente bem-sucedida em um trabalho para o qual nunca recebera treinamento. Viu-se em *solo milagroso*. O que havia acontecido?

Ela mudara a qualidade de suas palavras e pensamentos. Confiou todos os seus assuntos a Deus. Teve muitas manifestações de última hora, mas seu suprimento sempre chegou, pois ela própria cavou suas trincheiras e agradeceu sem vacilar.

Alguém me ligou recentemente e disse que estava desesperado à procura de um emprego.

Respondi que não procurasse com desespero, mas sim com louvor e agradecimento, pois Jesus Cristo, o maior de todos os metafísicos, disse para orarmos com louvor e ação de graças.

Louvor e ação de graças abrem os portões, porque a expectativa sempre vence.

É claro que a lei é impessoal, e uma pessoa desonesta, com pensamentos abundantes, atrairá abundância; porém, como disse Shakespeare: "Algo desonesto sempre acaba mal". Terá curta duração e não trará felicidade. Precisamos apenas ler os jornais para ver que o caminho do transgressor é difícil.

Essa é a razão de ser tão necessário pedir da maneira certa ao provedor universal, e pedir por aquilo que é seu por direito divino, sob a graça e de maneira perfeita.

Algumas pessoas atraem prosperidade, mas não conseguem mantê-la. Às vezes a afastam por fazer coisas sem pensar, às vezes por medo e preocupação.

Um amigo, em uma das minhas aulas de perguntas e respostas, me contou uma história.

Algumas pessoas em sua cidade natal, que sempre foram pobres, subitamente encontraram petróleo no quintal e ficaram muito ricas. O pai dele associou-se a um clube de campo e foi jogar golfe.

Por não ser mais jovem, o exercício foi demais e ele caiu morto ali mesmo no campo.

A família inteira ficou temerosa. Todos se convenceram de que poderiam ter alguma doença cardíaca, tal qual o patriarca. Então, estão agora todos acamados, com enfermeiras observando seus batimentos cardíacos.

Com pensamentos acelerados, as pessoas precisam se preocupar com alguma coisa. A família não se preocupava mais com dinheiro, por isso transferiu a preocupação para a saúde.

A velha ideia era que "não se pode ter tudo". Se conseguisse uma coisa, perderia outra. As pessoas estavam sempre dizendo: "Sua sorte não vai durar", "É bom demais para ser verdade".

Jesus Cristo disse: "Neste mundo (pensamento do mundo) tereis aflições, contudo, tende bom ânimo! Eu venci o mundo (pensamento)".

No superconsciente (ou Cristo dentro de mim), há suprimentos suntuosos para cada pedido, e sua prosperidade é permanentemente perfeita.

"Se voltares para o Todo-poderoso, serás restaurado (na consciência) e afastarás a malevolência para longe de tuas tendas.

Então, acumularás ouro como pó e o ouro de Ofir, como as pedras dos ribeiros."

"Sim, o Todo-poderoso será a tua defesa e terás abundância de prata."

Que imagem de opulência! O resultado de "retornar ao Todo--poderoso (em consciência)".

Para a pessoa comum (que há muito tempo pensa sobre escassez) é muito difícil construir uma consciência rica.

Tenho uma aluna que atraiu muito sucesso ao criar a afirmação: *"Sou a filha do rei! Meu Pai rico agora derrama sua abundância sobre mim. Sou a filha do rei! Todas as coisas abrem caminho para mim"*.

Muitas pessoas aguentam circunstâncias limitadas porque são preguiçosas (mentalmente) demais para pensar em como se livrar delas. É preciso ter um desejo imenso por liberdade financeira, é preciso se sentir rico, é preciso se enxergar rico, é preciso se preparar continuamente para as riquezas. Faça como uma criancinha e finja ser rico. Você fixará expectativa no subconsciente.

A imaginação é a oficina do homem, a tesoura da mente, onde ele vive podando eventos de sua vida!

O superconsciente é o reino da inspiração, revelação, elucidação e intuição.

A intuição costuma ser conhecida como pressentimento. Não me desculpo mais pela palavra "pressentimento". Está dicionarizada agora na última edição do Webster. Tive um pressentimento de procurar "pressentimento", e lá estava.

O superconsciente é o reino das ideias perfeitas. O grande gênio conquista os pensamentos do superconsciente.

"Onde não há revelação divina (imaginação), meu povo perece."

Quando as pessoas perdem o poder de imaginar sua prosperidade, elas "perecem" (ou fracassam).

É interessante comparar as traduções em francês e inglês da *Bíblia*. No versículo 21 do capítulo 22 de Jó, lemos: "Sujeite-te a Deus, fica em paz com Ele, e a prosperidade virá a ti". Na *Bíblia* francesa lemos: "Apega-te, pois, a Deus, e tem paz, e assim te sobrevirá o bem".

No versículo 23: "Se voltardes ao Todo-poderoso, serás edificado; afasta a injustiça da tua tenda". Na tradução francesa lemos:

"Serás reestabelecido se te voltardes para o Todo-poderoso, afastando a injustiça das tuas moradas".

No versículo 24 lemos uma tradução nova e maravilhosa. A *Bíblia* inglesa diz: "Lança ao pó as tuas pepitas, o teu ouro puro de Ofir às rochas dos vales"; a *Bíblia* francesa diz: "Lança o teu tesouro no pó, e o ouro de Ofir entre as pedras dos ribeiros, então o Todo-poderoso será o teu tesouro, a tua prata, a tua riqueza".

Isso significa que, se as pessoas dependem inteiramente do seu suprimento, é ainda melhor jogá-lo fora e confiar plenamente no Todo-poderoso para obter ouro, prata e riquezas.

Dou como exemplo uma história contada por um amigo.

Um padre foi visitar um convento na França, onde alimentavam inúmeras crianças. Uma das freiras, aflita, disse ao religioso que já não tinham mais comida, e que as crianças passariam fome. Ela disse terem apenas uma moeda de prata (cerca de um quarto de dólar) e precisavam comprar comida e roupas.

O padre pediu que a freira lhe desse a moeda e, em seguida, a jogou pela janela. "Agora", disse ele, "confie apenas em Deus."

Em pouco tempo, amigos apareceram com muita comida e ofertas de dinheiro.

Isso não significa que você deva jogar fora o dinheiro que tem, mas não dependa dele. Dependa do seu suprimento invisível, o Banco da Imaginação.

"Que nos juntemos a Deus agora e tenhamos paz, pois Ele será nosso ouro, prata e riquezas."

A inspiração do Todo-poderoso será minha defesa e terei prata em abundância.

Nada me faltará

"O Senhor é o meu pastor; nada me faltará."
(Salmo 23,1)

O Salmo 23 é o mais conhecido de todos os Salmos; podemos dizer que é o condutor da mensagem da *Bíblia*. Diz ao homem que nada lhe faltará quando ele tiver a compreensão (ou convicção) de que o Senhor é seu pastor; a realização de que a Inteligência Infinita supre cada necessidade.

Se você obtiver essa convicção hoje, todas as necessidades serão atendidas agora e para todo o sempre. Você atrairá, instantaneamente, tudo aquilo que deseja ou precisa da abundância das esferas, pois aquilo que você precisa *já está em seu caminho*.

De repente, uma mulher teve a percepção: " O Senhor é o meu pastor; nada me faltará". Ela parecia tocar seu suprimento invisível; sentia-se fora do espaço e tempo e não dependia mais do exterior.

Sua primeira manifestação foi pequena, mas necessária. Ela precisava, de imediato, de alguns clipes grandes de papéis, mas não tinha tempo de ir até a papelaria comprá-los. Ao procurar por outra coisa, abriu um baú pouco usado e nele encontrou uma dúzia de clipes grandes. Ela sentiu que a lei estava funcionando e agradeceu; então, um dinheiro necessário apareceu; coisas grandes e pequenas foram ao seu encontro. Desde então ela tem confiado na afirmação: "*O Senhor é meu pastor; nada me faltará*".

Costumávamos ouvir as pessoas dizerem: "Não acho certo pedir dinheiro ou coisas materiais para Deus". Elas não percebiam que esse Princípio Criativo está dentro de cada homem – o Pai interior. A verdadeira espiritualidade é provar, diariamente, que Deus é seu provedor; não apenas de vez em quando.

Jesus Cristo conhecia essa lei, pois tudo o que desejava ou necessitava aparecia imediatamente em seu caminho: os pães e peixes, e o dinheiro na boca do peixe. Com essa compreensão, o ato de acumular e economizar dinheiro desapareceria. Isso não significa que não se deve ter uma conta no banco e investimentos, mas que não se deve depender deles, pois, se tivesse uma perda em uma direção, teria ganho em outra.

Sempre "os seus celeiros ficarão plenamente cheios e os seus barris, transbordando".

Então, como alguém faz esse contato com o suprimento invisível? Escolhendo uma afirmação da Verdade que faça sentido e lhe traga realização.

Isso não é válido apenas para poucos escolhidos: "Todo aquele que invocar o nome do Senhor será salvo". O Senhor é o seu pastor, e meu, e de todo mundo.

Deus é a Inteligência Suprema dedicada a prover as necessidades do homem. A explicação é que: o homem é Deus em ação. Jesus Cristo disse: "Eu e o Pai somos um".

Podemos parafrasear essa afirmação e dizer: "Eu e o grande Princípio Criativo do Universo somos um e o mesmo".

O homem só carece quando perde o contato com esse Princípio Criativo, que deve ser totalmente confiável, pois é inteligência pura e conhece o caminho da realização.

A mente racional e a vontade pessoal causam um curto-circuito.

"Confie em mim e eu o farei acontecer."

A maioria das pessoas está repleta de apreensão e medo, quando não há nada a se agarrar no exterior.

Uma senhora procurou um médico e disse:

– Sou apenas uma pobre mulher, com ninguém além de Deus para me apoiar.

O médico respondeu:

– Você não precisa se preocupar, se tem Deus como apoio, pois "tudo que o Reino fornece é seu".

Outro caso foi quando uma mulher me ligou e falou, quase chorando:

– Estou muito preocupada com a situação dos meus negócios.

Respondi:

– A situação com Deus continua a mesma: o Senhor é seu pastor e nada lhe faltará. "Quando uma porta se fecha, outra se abre."

Um homem de negócios muito bem-sucedido, que conduz todos os seus assuntos de acordo com os métodos da Verdade, disse: "O problema com a maioria das pessoas é que elas passam a depender de certas condições. Não têm imaginação o suficiente para ir adiante, abrir novos canais".

A PORTA SECRETA PARA O SUCESSO

Quase todo grande sucesso é construído sobre um fracasso.

Contaram-me que Edgar Bergen perdeu seu papel em uma produção da Broadway porque não queriam mais nenhum ventríloquo no espetáculo. Noel Coward o colocou no programa de rádio de Rudy Vallee, e Edgar e seu boneco Charlie McCarthy tornaram-se famosos da noite para o dia.

Em uma das minhas conferências, contei a história de um homem que estava tão pobre e desencorajado que acabou se suicidando. Alguns dias depois chegou uma carta notificando que ele tinha herdado uma grande fortuna.

Um homem presente disse: "Isso quer dizer que, quando você quer morrer, sua manifestação chega com três dias de atraso". *Sim, não se deixe enganar pela escuridão antes da alvorada.*

É bom ver a alvorada de vez em quando, para se convencer do quanto ela é infalível. Isso me lembra de uma experiência de vários anos atrás.

Eu tinha uma amiga que vivia no Brooklyn, próximo ao Prospect Park. Ela gostava de fazer coisas incomuns e me disse: "Venha me visitar; vamos acordar cedo e assistir ao amanhecer no parque".

De início, recusei, mas então tive o pressentimento de que seria uma experiência interessante.

Era verão. Acordamos por volta das quatro horas da manhã, minha amiga, a filhinha dela e eu. Estava um breu, mas descemos a rua corajosamente, até a entrada do parque.

Alguns policiais nos olharam com curiosidade, mas minha amiga disse a eles, prazerosamente: "Vamos assistir ao nascer do sol", e eles pareceram satisfeitos. Andamos pelo parque até um lindo roseiral.

Uma tênue faixa rosada surgiu no leste e, de repente, ouvimos um barulho tremendo. Estávamos próximas ao zoológico e todos os animais saudavam o amanhecer. Os leões e os tigres rugiram, as hienas riram, houve gritos e uivos; cada animal parecia ter algo a dizer para o novo dia que chegava.

Foi realmente muito inspirador. A luz inclinou-se por entre as árvores; tudo tinha um aspecto sobrenatural. Então, à medida que clareava, nossas sombras estavam à nossa frente em vez de atrás de nós. O amanhecer de um novo dia!

Esse é o alvorecer maravilhoso que chega para cada um de nós, após um período de escuridão.

Seu alvorecer de sucesso, felicidade e abundância virá com certeza.

Todo dia é importante, pois lemos no incrível poema sânscrito: "Concentra-te neste dia, tal é a saudação do amanhecer".

Neste dia, o Senhor é o seu pastor! Neste dia, nada lhe faltará, pois você e esse grande Princípio Criativo são um só e o mesmo.

O Salmo 34 também é um salmo de segurança. Começa com uma bênção para o Senhor: "Bendirei o Senhor o tempo todo! Os meus lábios sempre o louvarão".

"Os que buscam o Senhor nada de bom lhes faltará." Buscar o Senhor significa que o homem precisa dar o primeiro passo. "Aproxima-te de Deus, e Ele se aproximará de ti!"

Você se aproxima de Deus ao fazer suas afirmações, esperando e se preparando para a prosperidade. Se pedir por sucesso e se preparar para o fracasso, receberá aquilo para o qual se preparou.

Em meu livro *O jogo da vida (e como jogá-lo)*, falo sobre um homem que me pediu para proferir a palavra para que todas as suas dívidas fossem anuladas.

Após o tratamento, ele disse: "Agora estou pensando no que direi às pessoas quando não tiver dinheiro para pagá-las". Um tratamento não vai ajudá-lo se você não tiver fé, pois fé e expectativa fixam uma imagem de realização na mente subconsciente.

No Salmo 23, lemos: "Refrigera a minha alma". Sua alma é a mente subconsciente, e ela deve ser refrigerada com as ideias certas.

Aquilo que você sente em profusão se fixa no subconsciente e se manifesta em sua vida. Se você se convence de que é um fracasso, será um fracasso, até que fixe no subconsciente a convicção de que é um sucesso.

Isso é feito com uma afirmação que "faça sentido".

Em um encontro, uma amiga disse que eu lhe dera uma afirmação quando ela estava saindo da sala. *O solo onde você pisa está pronto para a colheita.* As coisas tinham sido um pouco apáticas com ela, mas essa afirmação fez sentido.

"Pronto para a colheita, pronto para a colheita", ressoou em seus ouvidos. Coisas boas e surpresas felizes começaram a surgir imediatamente.

A razão de ser necessário fazer uma afirmação é porque a repetição se fixa no subconsciente. Você não consegue controlar seus pensamentos de início, mas sim suas palavras; e Jesus Cristo disse: "Por vossas palavras sereis absolvidos e por vossas palavras sereis condenados".

Escolha as palavras certas, os pensamentos certos, todos os dias! A capacidade imaginativa é a capacidade criativa, pois "da imaginação do seu coração depende toda a sua vida".

Todos nós temos um banco do qual podemos usar, o Banco da Imaginação.

Vamos nos imaginar ricos, bem e felizes. Imagine que todos os seus assuntos seguem a ordem divina, mas deixe o caminho da concretização para a Inteligência Infinita.

"Deus tem armas que tu desconheces." Ele tem canais que o surpreenderão.

Uma das passagens mais importantes do Salmo 23 é: "Prepara um banquete para mim à vista dos meus inimigos".

Isso significa que mesmo na presença de uma situação adversa, trazida por dúvidas, medos e ressentimentos, uma saída está preparada para você.

O Senhor é meu pastor; nada me faltará.

Olhe com admiração

"Recordarei os feitos do Senhor; sim, me lembrarei das tuas maravilhas da antiguidade."
(Salmo 77,11)

As palavras "maravilha" e "maravilhoso" são usadas muitas vezes na *Bíblia*. No dicionário, a palavra "maravilha" é definida como "aquilo que desperta grande admiração ou assombro, em virtude de suas realizações, de sua perfeição, grandeza, beleza".

Ouspensky, em seu livro *Tertium Organum*, chama o mundo da quarta dimensão de "o Mundo das Maravilhas". Ele descobriu, por meio de cálculos matemáticos, que existe um universo onde todas as circunstâncias são perfeitas. Jesus Cristo o chamou de Reino.

Podemos dizer "busquem primeiro o Mundo das Maravilhas e todas essas coisas serão acrescentadas a vocês".

Ele só pode ser alcançado por meio de um estado de consciência.

Jesus Cristo disse que, para entrar no Reino, devemos nos tornar "crianças pequenas", pois elas estão sempre em um estado de alegria e admiração!

O futuro traz promessas de uma prosperidade misteriosa. Tudo pode acontecer em uma noite.

Robert Louis Stevenson, em seu livro *Jardim dos Versos Infantis*[5], diz: "O mundo está apinhado de inúmeras coisas. Sei que deveríamos ser tão felizes quanto os reis".

Então, vamos olhar com admiração aquilo que está diante de nós; esta afirmação me foi dada há alguns anos e eu a menciono em meu livro *O jogo da vida (e como jogá-lo)*.

Eu tinha perdido uma oportunidade e senti que deveria estar mais atenta à minha prosperidade. No dia seguinte, fiz a afirmação no início da manhã: "*Olho com admiração para aquilo que está diante de mim*".

Ao meio-dia o telefone tocou e a proposta foi refeita. Dessa vez a agarrei com força. Eu, realmente, olhei com admiração, pois nunca imaginei que a oportunidade retornaria.

Uma amiga me disse outro dia, em um dos meus encontros, que essa afirmação lhe trouxe resultados maravilhosos. A afirmação preenche a consciência com expectativas felizes. As crianças estão cheias de expectativas felizes, até que adultos e experiências infelizes as tiram do Mundo das Maravilhas!

Vamos olhar para trás e lembrar algumas ideias melancólicas que nos foram dadas: "Coma as maçãs manchadas primeiro". "Não crie muita expectativa para não se decepcionar." "Não se pode ter

---

[5] Tradução literal do original *A Child's Garden of Verses*, publicado em 1885. Sem publicação brasileira. (N.T.)

tudo nesta vida." "A infância é a época mais feliz." "Ninguém sabe o que o futuro trará." Que belo começo de vida!

Essas são algumas das impressões que tive no início da primeira infância.

Com seis anos de idade, eu tinha um grande senso de responsabilidade. Em vez de olhar com admiração para o que estava diante de mim, olhava com medo e suspeita. Sinto-me muito mais jovem agora do que quando tinha aquela idade.

Tenho uma fotografia antiga tirada naquela época, segurando uma flor, mas com uma expressão cansada e desesperançosa. Eu havia deixado o mundo das maravilhas para trás, vivendo no mundo real, como os mais velhos me diziam, e ele estava longe de ser maravilhoso.

É um grande privilégio as crianças viverem nesta época, quando lhes é ensinada sobre a Verdade desde o nascimento. Mesmo que não lhes seja ensinada a metafísica real, o ar está repleto de uma alegre expectativa.

Você pode se tornar uma Shirley Temple, ou um Freddy Bartholomew, ou um grande pianista, aos seis anos de idade, e sair em uma turnê de shows.

Agora, estamos todos de volta ao mundo das maravilhas, onde tudo pode acontecer da noite para o dia, pois, quando os milagres acontecem, eles vêm rapidamente!

Devemos ter *consciência dos milagres*, preparar-nos e esperar por eles, e, assim, estaremos convidando-os a entrarem em nossa vida.

Talvez você precise de um milagre financeiro! Há um suprimento para cada pedido. Por meio da fé ativa, da palavra e da intuição, libertamos esse suprimento invisível.

Vou dar um exemplo: uma das minhas alunas viu-se quase sem dinheiro. Ela precisava de mil dólares e, em certo momento da vida, teve muito dinheiro e belas posses, mas, naquele momento, só tinha uma estola de arminho. Nenhum negociante de peles queria pagar muito por ela.

Eu falei que a estola seria vendida para a pessoa certa e pelo preço certo, ou que o suprimento viria de outra maneira. Era necessário que o dinheiro se manifestasse de uma única vez, pois não havia tempo para preocupações ou racionalidade.

Em um dia tempestuoso, a aluna andava pela rua fazendo suas afirmações. Ela disse a si mesma: "Vou mostrar fé ativa pelo meu suprimento invisível pegando um táxi". Era um pressentimento muito forte. Quando ela estava descendo do táxi, no seu destino, uma mulher aguardava para entrar no veículo.

Por coincidência, era uma velha amiga, que pela primeira vez na vida tomava um táxi, porque seu Rolls-Royce tinha ido para o conserto.

Elas conversaram e minha aluna contou sobre a estola de pele; "Ora, eu lhe darei mil dólares pelo arminho", disse a outra. E naquela mesma tarde minha amiga recebeu o cheque.

Os caminhos de Deus são engenhosos, Seus métodos são garantidos.

Outra aluna me escreveu para contar que estava usando esta afirmação: *"Os caminhos de Deus são engenhosos, Seus métodos são garantidos"*. Uma série de contatos inesperados acarretou em uma situação que ela desejava. Ela olhou para o trabalho da lei com admiração.

Nossas manifestações geralmente vêm em uma "fração de segundo". Tudo é cronometrado com surpreendente precisão na Mente Divina.

Minha aluna saiu do táxi justo no momento em que a amiga parou para entrar; um segundo depois e ela teria pegado outro veículo.

O papel do homem é estar atento às suas orientações e pressentimentos, pois no caminho mágico da intuição está tudo aquilo que ele deseja ou necessita.

Na *Bíblia do Leitor Moderno*, de Moulton, o livro de Salmos é reconhecido como a perfeição da poesia lírica.

"A meditação musical, que é a essência das letras, não pode encontrar campo mais elevado do que o espírito devoto que, ao mesmo tempo em que se eleva a serviço de Deus, transborda nas várias vertentes da vida ativa e contemplativa."

Os Salmos também são documentos humanos, e escolhi o Salmo 77 porque ele traz a imagem de um homem desesperado que, ao contemplar as maravilhas de Deus, tem sua fé e segurança restauradas.

"Clamei a Deus com a minha voz; a Deus levantei a minha voz, e ele inclinou para mim os ouvidos.

No dia da minha angústia, procuro o Senhor; de noite, não me canso de erguer a mão. Minha alma recusa ser consolada.

O Senhor rejeitará para sempre e não será mais favorável?

Esqueceu-se Deus de ter misericórdia? Ou encerrou Ele as suas misericórdias na sua ira?

E eu disse: 'Esta é a minha enfermidade, mas eu me lembrarei dos anos da mão direita do Altíssimo'.

Meditarei em todas as tuas obras e considerarei todos os teus feitos.

Teus caminhos, ó Deus, são santos. Que deus é tão grande como o nosso Deus?
Tu és o Deus que realiza maravilhas.
Com o teu braço forte resgataste o teu povo."

Esse é o retrato do que o estudante médio da Verdade passa, quando confrontado com um problema. Ele é acometido por pensamentos de dúvida, medo e desespero.

Então, uma declaração da Verdade surge em sua consciência: "Os caminhos de Deus são engenhosos, Seus métodos são garantidos!". Ele se lembra de outras dificuldades que foram superadas, sua confiança em Deus retorna. Ele pensa: *'O que Deus fez por mim antes, fará agora e muito mais!"*.

Tempos atrás, eu conversava com uma amiga, que disse: "Eu seria bastante idiota se não acreditasse que Deus pode resolver meu problema. Coisas maravilhosas me aconteceram tantas vezes. Sei que elas acontecerão de novo!".

Portanto, o resumo do Salmo 77 é: "O que Deus fez por mim antes, fará agora e muito mais!".

É uma boa coisa a ser citada quando você pensar em sucesso, felicidade ou riqueza passados. Toda perda vem de sua imaginação infrutífera; medo da perda infiltrou-se para dentro da sua consciência; você carregou fardos e enfrentou batalhas; ponderou em vez de seguir o caminho mágico da intuição.

Entretanto, em um piscar de olhos, tudo será restaurado a você, pois, como dizem no Oriente: "O que Alá deu não pode ser diminuído".

Agora, voltando ao estado de consciência infantil, você deveria se encher de admiração, mas tenha cuidado para não reviver sua infância. Conheço pessoas que conseguem pensar apenas nos dias felizes da meninez. Elas até se lembram do que usaram quando crianças! Desde então, nenhum céu foi tão azul ou nenhuma grama foi tão verde. Elas, portanto, perdem as oportunidades do magnífico "agora".

Vou contar uma história divertida de uma amiga que, quando era muito pequena, viveu em uma cidade e depois se mudou para outra. Ela sempre relembrava da primeira casa em que moraram; para ela, era um palácio encantado, grande, espaçoso e fascinante.

Muitos anos depois, já adulta, ela teve a oportunidade de visitar essa casa, cujo pátio da frente exibia um cachorro feito de ferro. Ficou desiludida: achou a casa pequena, abafada e feia. Sua ideia de beleza havia mudado por completo.

Se você voltasse ao passado, não seria o mesmo. Então, na família dessa amiga, eles chamavam o ato de viver no passado de "aferrar-se ao cachorro".

A irmã dessa amiga me contou a história de quando "aferrou-se ao cachorro". Quando tinha em torno de dezesseis anos, ela conheceu um rapaz no exterior, muito elegante e romântico, um artista. Esse romance não durou muito, mas ela falava bastante sobre ele ao homem com quem acabou se casando.

Anos se passaram, o rapaz elegante e romântico se tornou um artista renomado e veio ao país para uma exposição de suas fotografias. Minha amiga estava repleta de entusiasmo e foi atrás dele para renovarem a amizade. Ela foi à exposição e quem entrou foi um homem de negócios imponente, sem nenhum traço restante da juventude elegante e romântica! Quando contou ao marido, ele disse apenas: "Aferrou-se ao cachorro".

Lembre-se, *agora* é o momento designado! *Hoje* é o dia! *E a prosperidade pode acontecer durante a noite.*

Olhe com admiração para o que está diante de você!

Somos preenchidos com expectativa divina: "Vou compensá-los pelos anos de colheitas que os gafanhotos destruíram".

Agora, pense na prosperidade que parece tão difícil de ser obtida. Pode ser saúde, riqueza, felicidade ou autoexpressão perfeita. Não pense que ela não pode ser conquistada, apenas agradeça por já tê-la recebido no plano invisível; "portanto, os degraus que conduzem a ela também estão garantidos".

Esteja atento às orientações da sua intuição e, subitamente, você se encontrará na Terra Prometida.

"Olho com admiração aquilo que está diante de mim."

Alcance a sua prosperidade

"Antes de clamarem, eu responderei; ainda não estarão falando, e eu os ouvirei."
(Isaías 65,24)

Alcance a sua prosperidade! Essa é uma nova maneira de dizer: "Antes de clamarem, eu responderei".

A prosperidade o precede; ela chega antes de você. Mas como alcançá-la? É preciso ter ouvidos para ouvir e olhos para ver, ou ela escapará.

Algumas pessoas nunca alcançam a prosperidade na vida; elas dirão: "Minha vida sempre foi difícil, nunca tenho sorte". Essas são as pessoas que adormeceram diante das oportunidades, ou, por causa da preguiça, não se adaptaram à sua prosperidade.

Uma mulher contou a um grupo de amigos que não comia havia três dias. Eles se apressaram em dizer que tentariam arrumar um emprego para ela, mas ela recusou. Explicou que nunca levantava da cama antes do meio-dia, porque gostava de ficar deitada lendo revistas.

Ela só queria receber apoio das pessoas enquanto lia a *Vogue* e a *Harper's Bazaar*. Precisamos ter cuidado para não cairmos em um estado de espírito preguiçoso.

Use a afirmação: *"Estou atento a minha prosperidade, nunca perco uma orientação"*. A maioria das pessoas está apenas semiatenta à prosperidade.

Um aluno me disse: "Se não sigo meus pressentimentos, sempre fico em maus lençóis".

Vou contar a história de uma mulher, uma de minhas alunas, que seguiu as orientações intuitivas e obteve resultados incríveis. Ela havia sido convidada a visitar amigos em uma cidade próxima e tinha pouquíssimo dinheiro. Quando chegou ao destino, descobriu que a casa estava trancada. Eles tinham ido embora. Ela ficou desesperada e começou a orar, dizendo: "Inteligência Infinita, dê-me uma orientação definitiva, deixe-me saber o que fazer!".

O nome de um determinado hotel surgiu em sua consciência e persistiu; o nome parecia saltar aos olhos em letras garrafais.

Ela tinha apenas dinheiro suficiente para voltar a Nova York e uma diária no hotel. Quando estava prestes a entrar no hotel, uma velha amiga apareceu de repente, alguém que não via há anos e que a cumprimentou com afeto.

A amiga explicou que estava morando no hotel, mas que ficaria fora por alguns meses e, acrescentou: "Por que você não fica na minha suíte enquanto estou longe? Não vai lhe custar um centavo".

Minha amiga aceitou, agradecida, e olhou com espanto para o trabalho da lei espiritual.

Ela tinha alcançado a prosperidade ao seguir a intuição.

Toda evolução vem do desejo. Hoje, a ciência volta-se a Lamarck e a sua teoria da "força do desejo". Ele diz que os pássaros não voam porque têm asas, mas têm asas porque queriam voar; resultado do "impulso do desejo emocional".

Pense no poder irresistível do pensamento com visão clara. Muitas pessoas estão em uma névoa a maior parte do tempo, tomando decisões erradas e escolhendo o caminho incorreto.

Durante a correria do Natal, minha empregada disse a uma vendedora, em uma das maiores lojas de departamento:

– Suponho que este seja o dia mais agitado para vocês.

A vendedora respondeu:

– Ah, não! O dia após o Natal é o mais agitado. É quando as pessoas vêm trocar a maioria das coisas que compraram.

Centenas de pessoas escolheram presentes errados porque não ouviram suas orientações intuitivas. Não importa o que esteja fazendo, peça orientação. Poupa tempo, energia e, geralmente, uma vida inteira de sofrimento.

Todo sofrimento vem da violação da intuição. A não ser que a intuição construa a casa, aqueles que a constroem trabalharão em vão.

Habitue-se ao ato de pressentir, e então estará sempre no caminho mágico.

"*Antes de clamarem, eu responderei; ainda não estarão falando, e eu os ouvirei.*"

Ao trabalharmos com a lei espiritual, estamos fazendo acontecer o que já existe. Na Mente Universal existe a ideia, mas ela se cristaliza no exterior por meio de um desejo sincero.

A ideia de um pássaro era uma imagem perfeita na Mente Divina; os peixes captaram a ideia e desejaram tornar-se pássaros.

Seus desejos estão lhe dando asas? *Todos deveríamos estar fazendo algo supostamente impossível acontecer.*

Uma das minhas afirmações é: "*O inesperado acontece, minha prosperidade supostamente impossível acontece agora*".

Não engrandeça os obstáculos, engrandeça o Senhor; ou seja, engrandeça o poder de Deus.

A pessoa comum persiste em todos os obstáculos e empecilhos que existem para impedir que sua prosperidade aconteça.

"Você se une àquilo que observa", portanto, se der atenção integral aos obstáculos e empecilhos, eles crescerão cada vez piores.

Dê sua atenção integral a Deus. Mantenha-se dizendo em silêncio (diante dos obstáculos): "*Os caminhos de Deus são engenhosos, Seus métodos são garantidos*".

O poder de Deus é invencível (apesar de invisível). "Clama a mim e eu responderei, e direi a ti coisas grandiosas e insondáveis que desconheces."

Ao manifestar nossa prosperidade, precisamos desviar o olhar das circunstâncias adversas; "não julgueis segundo a aparência".

Escolha uma afirmação que lhe dê um sentimento de segurança. "*O braço longo de Deus se estende sobre as pessoas e as circunstâncias, controlando a situação e protegendo os meus interesses!*"

Pediram-me que falasse a palavra para um homem que teria uma entrevista de negócios com alguém aparentemente sem escrúpulos. Usei essa afirmação, e a retidão e a justiça surgiram da situação ao mesmo tempo em que eu falava.

Todos nós conhecemos a citação: "A esperança adiada faz o coração adoecer, mas, quando o desejo vem, é árvore da vida".

Ao desejar com sinceridade (e sem ansiedade), estamos alcançando aquilo que desejamos, e o desejo se cristaliza no exterior. "Eu atenderei aos desejos do teu coração."

Desejos egoístas, desejos que prejudicam os outros, sempre retornam para prejudicar o emissor.

O desejo íntegro pode ser chamado de um eco do infinito. Já é uma ideia perfeita na Mente Divina.

Todos os inventores alcançam as ideias dos objetos que inventam. Digo no meu livro *O jogo da vida (e como jogá-lo)* que o telefone estava procurando Graham Bell.

É comum que duas pessoas descubram a mesma invenção ao mesmo tempo. Elas estão sintonizadas em uma mesma ideia.

A coisa mais importante na vida é fazer com que o plano divino aconteça.

Assim como a imagem perfeita do carvalho está na bolota, o plano divino de sua vida está em sua mente superconsciente, e você precisa concretizar o padrão perfeito em seus assuntos. Então, levará uma vida mágica, pois no plano divino todas as condições são permanentemente perfeitas.

As pessoas desafiam o projeto divino quando estão desatentas à prosperidade.

Talvez a mulher que gostava de ficar deitada na cama a maior parte do dia e ler revistas devesse estar escrevendo para essas publicações, mas seus hábitos preguiçosos enfraqueceram o desejo e ele não foi adiante.

Os peixes que desejavam asas estavam alertas e vivos, não passavam seus dias na cama do oceano, lendo *Vogue* e *Harper's Bazaar*.

Você que dorme, desperte, e recupere o seu bem!

"Clama a mim e eu responderei, e direi a ti coisas grandiosas e insondáveis que desconheces."

"*Agora alcanço a minha prosperidade, pois antes de clamar fui atendido.*"

Riachos no ermo

> *"Vede, estou fazendo uma coisa nova! Ela já está surgindo! Vós não a reconheceis? Até no deserto vou abrir um caminho, e riachos no ermo."*
> (Isaías 43,19)

No capítulo 43 de Isaías há declarações maravilhosas que mostram o poder irresistível da Inteligência Suprema, que resgata o homem em momentos de dificuldades. *Não importa o quanto a situação pareça impossível, a Inteligência Infinita conhece uma saída.*

Ao trabalhar com o poder de Deus, o homem torna-se incondicional e absoluto. Vamos perceber esse poder oculto com o qual podemos contar a qualquer momento.

Contate a Inteligência Infinita (o Deus interior) e toda a aparência do mal desaparece, pois ela surge da "imaginação infrutífera do homem".

Em minha aula de perguntas e respostas, perguntaram-me: "Como você faz um contato consciente com o Poder Invencível?".

Minha resposta: "Pela sua palavra". "Por sua palavra você está justificado."

O centurião disse a Jesus Cristo: "Diz uma palavra, mestre, e meu servo será curado".

"Todo aquele que invocar o nome do Senhor será salvo." Note a palavra "invocar": você está invocando ao Senhor ou a lei, quando faz uma afirmação da Verdade.

Como sempre digo, escolha uma afirmação que "faça sentido"; ou seja, uma que lhe dê uma sensação de segurança.

As pessoas são escravizadas por ideias de escassez: escassez de amor, de dinheiro, de companhia, de saúde, e assim por diante.

São escravizadas por ideias de interferência e incompletude. Estão adormecidas no sonho adâmico: Adão (homem genérico) comeu o fruto de "Maya, a árvore da ilusão", e viu dois poderes, o bem e o mal.

A missão de Cristo era despertar as pessoas para a Verdade de que só há um Poder, Deus. "Desperta, ó tu que dormes."

Se você tem carência de alguma coisa boa, ainda está adormecido diante da prosperidade.

Como você acorda do sonho adâmico de opostos, após ter dormido profundamente na corrida dos pensamentos por centenas de anos?

Jesus Cristo disse: "Se dois de vós concordardes, isso será feito". Esta é a lei do acordo.

É quase impossível ver claramente a própria prosperidade. É por isso que o curador, profissional ou amigo é necessário.

A maioria dos homens diz que obtiveram sucesso porque suas esposas acreditaram neles.

Vou citar um jornal atual, que traz o tributo de Walter P. Chrysler à sua esposa: "Nada me deu mais satisfação na vida do que a maneira como minha esposa acreditou em mim desde o início, durante todos estes anos". Chrysler escreveu sobre ela: "A impressão que tenho é que ninguém compreendia a minha ambição, exceto Della. Eu falava e ela concordava com a cabeça. Até mesmo me atrevi a dizer-lhe que minha intenção, algum dia, era ser um mestre mecânico". Ela sempre apoiou as ambições dele.

Fale sobre sua vida o mínimo possível, e apenas para aqueles que lhe darão incentivo e inspiração. O mundo está cheio de "desmancha-prazeres", pessoas que dirão "é impossível, você está sendo ambicioso demais".

Quando as pessoas se sentam nos encontros e nos cultos da Verdade, é comum que uma palavra ou uma ideia abra um caminho no deserto.

É claro que a *Bíblia* está falando de estados de espírito. Você está em um deserto quando se encontra desarmônico, bravo, ressentido, temeroso ou indeciso. A indecisão é uma das causas de saúde debilitada.

Certo dia, quando estava em um ônibus, uma mulher fez sinal para que parasse e perguntou ao motorista qual era o destino final. Ele respondeu, mas ela estava indecisa. Ela entrou no ônibus, depois desceu e, então, entrou de novo. O motorista virou-se para ela e falou: "Por favor, senhora, decida-se!".

Assim é com muitas pessoas: "Senhoras, decidam-se!".

A pessoa intuitiva nunca é indecisa, porque recebe orientações e tem pressentimentos, e segue em frente com coragem, sabendo que está no caminho mágico. Com a Verdade, sempre pedimos por orientações definitivas sobre o que fazer; sempre que pedir, você as receberá. Às vezes vêm em forma de intuição; em outras, vêm do exterior.

A porta secreta para o sucesso

Ada, uma de minhas alunas, caminhava pela rua, indecisa sobre ir a um determinado local ou não; ela pediu por uma orientação. Duas mulheres estavam andando na frente dela. Uma se virou para a outra e falou: "Por que você não vai, Ada?" – o nome da mulher também era Ada. Minha amiga considerou esta uma orientação definitiva, foi até seu destino e o resultado foi muito bem-sucedido.

Nós realmente levamos uma vida mágica, guiada e suprida a cada passo, *se tivermos ouvidos para ouvir e olhos para ver*. É claro que deixamos o plano do intelecto e estamos recebendo do superconsciente, o Deus interior, que diz: "Este é o caminho, andai nele".

Tudo aquilo que você precisa saber lhe será revelado. Tudo que lhe falta, será suprido! "Assim diz o Senhor, aquele que fez um caminho pelo mar, uma vereda pelas águas violentas."

"Esquecei o que se foi; não vivais no passado."

As pessoas que vivem no passado romperam o contato com o magnífico "agora". Deus conhece apenas o agora. Agora é o tempo determinado, hoje é o dia!

Muitas pessoas levam vidas de limitação, juntando e economizando, com medo de usar o que têm; o que traz mais escassez e mais limitação.

Dou o exemplo de uma mulher que vivia em uma cidadezinha do interior: ela mal conseguia enxergar para se locomover e tinha poucos recursos financeiros. Uma amiga gentil a levou ao oculista e a presenteou com um par de óculos, que lhe permitiram enxergar perfeitamente. Algum tempo depois, a amiga encontrou a mulher na rua, sem os óculos, e exclamou:

– Onde estão seus óculos?

A mulher respondeu:

– Bem, você não acha que vou estragá-los usando-os todos os dias, não é? Só os uso aos domingos.

É preciso viver no presente e estar atento às oportunidades.

"Vede, estou fazendo uma coisa nova! Ela já está surgindo! Vós não a reconheceis? Até no deserto vou abrir um caminho, e riachos no ermo."

Esta mensagem é destinada ao indivíduo. Pense no seu problema e saiba que a Inteligência Infinita conhece o caminho da realização. Eu indico o caminho, pois antes de clamar você é respondido. *O suprimento sempre precede o pedido.*

Deus é o Doador e a Dádiva, e agora cria os próprios canais admiráveis.

Quando você pede que o plano divino de sua vida se manifeste, é protegido de receber coisas que não foram divinamente designadas.

É possível que você ache que toda a sua felicidade depende da obtenção de uma coisa específica; mais tarde, agradece ao Senhor por não tê-la recebido.

Às vezes, você é tentado a seguir a mente racional e argumentar com a intuitiva. De repente, a mão do destino o empurra para o lugar certo, sob a graça, e você se encontra no caminho mágico novamente.

Agora você está bem desperto para a prosperidade, você tem ouvidos que escutam (suas orientações intuitivas) e olhos que veem a estrada aberta da realização.

"O gênio dentro de mim está livre. Agora cumpro meu destino."

O significado intrínseco de *Branca de Neve e os Sete Anões*

Pediram-me para dar uma interpretação metafísica de *Branca de Neve e os Sete Anões*, um dos contos de fadas de Grimm.

É incrível como esse filme, um conto de fadas, sacudiu a sofisticada Nova York, e toda a América, devido à genialidade de Walt Disney.

Essa história deveria ser para crianças, mas homens e mulheres lotaram os cinemas de todo os Estados Unidos. Isso ocorre porque os contos de fadas vêm de antigas lendas da Pérsia, Índia e Egito, que são baseadas na Verdade.

Branca de Neve, a princesinha, tem uma madrasta cruel que sente inveja de sua beleza. Essa ideia de madrasta cruel também aparece em *Cinderela*. Quase todo mundo tem uma madrasta cruel nos contos de fadas.

A madrasta é uma forma de pensamento negativo que você construiu no subconsciente.

A madrasta cruel da Branca de Neve tem inveja dela e sempre a mantém em segundo plano, maltratando-a.

Todas as formas de pensamento cruéis fazem isso.

A madrasta consulta seu espelho mágico todos os dias, perguntando: "Espelho, espelho meu, existe alguém mais bela do que eu?". Um dia, o espelho responde: "Ó rainha, és formosa e bonita, mas a Branca de Neve é a mais linda". A resposta enraivece a rainha e ela decide mandar Branca de Neve para a floresta para ser morta por um caçador. Porém, o homem se compadece quando a princesinha implora por sua vida, e ele então decide deixá-la na floresta. A mata está repleta de animais assustadores, inúmeras armadilhas e perigos. Ela cai no chão, aterrorizada e, enquanto isso, um espetáculo bastante incomum acontece. Uma infinidade de animaizinhos simpáticos e pássaros surgem ao redor dela: coelhos, esquilos, cervos, castores, guaxinins, entre tantos outros. Ela abre os olhos e cumprimenta os animais com alegria. Após contar sua história, a princesa é guiada pelos animais até uma pequena casa, onde passa a morar.

Esses pássaros e animais amigáveis simbolizam nossas orientações intuitivas ou pressentimentos, que estão sempre prontos para "tirar você da floresta".

A casa revela-se a moradia dos sete anões. Como tudo está desorganizado, Branca de Neve e seus amigos animais começam a limpá-la. Os esquilos tiram o pó com as caudas; os pássaros penduram coisas, usando os chifres do cervo como cabideiro. Quando os sete anões voltam do trabalho na mina de ouro, percebem a mudança que houve na casa e, por fim, encontram Branca de Neve adormecida em uma das camas. Pela manhã ela conta sua história e fica morando com eles para administrar a casa e preparar suas refeições, tudo cercado com muita alegria.

Os sete anões simbolizam as forças protetoras ao nosso redor.

Enquanto isso, a malvada madrasta consulta o espelho, que, então, lhe diz: "Subindo as colinas na sombra da floresta verdejante, com sete anões como habitantes, encontrará Branca de Neve escondida, e ela, ó rainha, é ainda a mais linda". A rainha se enfurece e parte, transformada em uma velha horrorosa, com uma maçã envenenada para entregar à princesa.

Ao encontrar a menina na casa dos sete anões, a velha a atrai com uma maçã grande, vermelha e deliciosa. Os pássaros e animais se esforçam para dizer a Branca de Neve que não toque na fruta.

Eles tentam transmitir a ela o pressentimento de não comer a maçã.

Desesperados, eles veem Branca de Neve morder a maçã e cair desfalecida. Então todos os animais se apressam em buscar os sete anões para ajudar; mas é tarde demais: Branca de Neve está morta. Todos abaixam as cabeças em reverência, enlutados. Algum tempo depois, surge o príncipe que beija a princesa, e ela volta à vida. Eles se casam e vivem felizes para sempre. A rainha, agora uma bruxa, é arrastada para longe por uma tremenda tempestade.

A antiga forma de pensamento se dissolve e desaparece para sempre. O príncipe simboliza o plano divino da sua vida. Quando ele o acorda, você vive feliz para sempre.

Esse é o conto de fadas que fascinou Nova York e o país inteiro.

Descubra que forma de tirania a sua madrasta cruel está assumindo em seu subconsciente; se é alguma convicção negativa que se desenvolve em todas as áreas da sua vida.

Ouvimos as pessoas dizerem: "Minha prosperidade sempre chega atrasada". "Perdi tantas oportunidades!" Precisamos inverter o pensamento e repetir: *"Estou atento à minha prosperidade, nunca perco uma orientação".*

Precisamos silenciar as sugestões sombrias da madrasta cruel. Vigilância eterna é o preço de se libertar dessas formas de negativas.

Nada pode impedir, nada pode atrasar a manifestação do plano divino da minha vida.

A luz das luzes flui em meu caminho, revelando a Estrada Aberta da Concretização!

Sobre a autora

Florence Scovel Shinn foi uma artista e professora de metafísica em Nova York, no início do século XX. Seus livros são, de fato, notáveis. Relativamente curtos, mas profundos. Neles, ela mostra que podemos desfrutar de uma série de conquistas de saúde, prosperidade e felicidade. Ela compartilha histórias reais de muitos de seus clientes para ilustrar como atitudes e afirmações positivas, sem dúvida nenhuma, tornam alguém um "vencedor", capaz de controlar as condições da vida e extravasar a abundância por meio do conhecimento da lei espiritual.

Florence Shinn foi uma das professoras mais bem-sucedidas e populares do século passado. Aparentemente, também tinha muitos seguidores em seu auge, pois suas aulas eram bem frequentadas e seus livros, bastante populares, não só nos Estados Unidos, mas também no exterior.

Nasceu em 24 de setembro de 1871, em Camden, Nova Jersey. Sua mãe era a senhora Emily Hopkinson, da Pensilvânia. Seu pai,

Alden Cortlandt Scovel, advogado em Camden. Além de Florence, tinham uma filha mais velha e um filho mais novo.

Foi escolarizada na Filadélfia, na Friends Central School, e estudou arte na Academia de Belas Artes da Pensilvânia, de 1889 a 1897. Foi lá que conheceu seu futuro marido, Everett Shinn (1876 –1953), um pintor igualmente renomado, de telas impressionistas e murais realistas.

Apesar de Florence ter sido educada na Academia de Artes, seus desenhos com tinta e caneta resultam de um talento natural, e não de treinamento técnico.

Logo após a formatura de Florence na Academia, Everett e ela se casaram. Os Shinns se mudaram para Nova York, onde seguiram carreiras separadas na arte. Everett interessava-se pelo teatro e não só desenhava e pintava nessa área como também construiu um pequeno teatro no quintal dos fundos da casa-estúdio onde moravam, no número 112 da Waverly Place, próximo à Washington Square. Ele organizou os "Atores de Waverly" e escreveu três peças, nas quais Florence interpretava o papel principal.

Antes da Primeira Guerra Mundial, ela era ilustradora de literatura infantil popular, em revistas e livros. Em 1912, após catorze anos de casamento, Everett pediu o divórcio.

Em 1925, sem conseguir encontrar um editor para "*O jogo da vida e como jogá-lo*", ela própria o publicou. "*A força da palavra criadora*" foi publicado em 1928 e "*A porta secreta para o sucesso*", em 1940, pouco antes de sua morte, em 17 de outubro de 1940. "*O poder invisível da palavra*" é uma coleção de anotações, reunidas por um aluno e publicadas postumamente em 1945.

Florence Scovel Shinn tinha a habilidade de explicar os princípios de seu sucesso e como eles funcionam, em um estilo agradável e fácil de ler. Ao compartilhar histórias da vida real, ela ilustra como atitudes e afirmações positivas, sem dúvida nenhuma, tornam alguém um "vencedor", capaz de controlar as condições da vida e libertar a abundância por meio do conhecimento da lei espiritual.

A senhora Shinn repercutiu para uma esfera mais ampla com "*O jogo da vida*", em 1940, mas, por meio de seus escritos artísticos e inspirados, deixou uma marca indelével na tela da vida do planeta Terra, que perpetuará expandindo os horizontes de homens e mulheres ao redor do mundo, por muitas gerações.